MEINE GRÜNE DIÄT

NACHHALTIG ABNEHMEN ZU JEDER JAHRESZEIT

Mit der kostenlosen »GU Diät Plus«-App zum Buch haben Sie Ihre Lieblingsrezepte immer dabei und können sich Ihren persönlichen Wochenplan zusammenstellen.

Und so einfach geht's:

- Laden Sie die kostenlose »GU Diät Plus«-App im Apple App Store oder im Google Play Store auf Ihr Smartphone. Starten Sie die App und wählen Sie »Meine Grüne Diät« aus. Scannen Sie das gewünschte Rezeptbild mit der Kamera Ihres Smartphones. Klicken Sie im Display auf die Funktion Ihrer Wahl: Sammeln Sie Ihre Lieblingsrezepte, speichern und verschicken Sie Ihre Einkaufsliste oder stellen Sie sich aus den Rezepten Ihren persönlichen Wochenplan zusammen.

DAGMAR VON CRAMM

MEINE GRÜNE DIÄT

NACHHALTIG ABNEHMEN

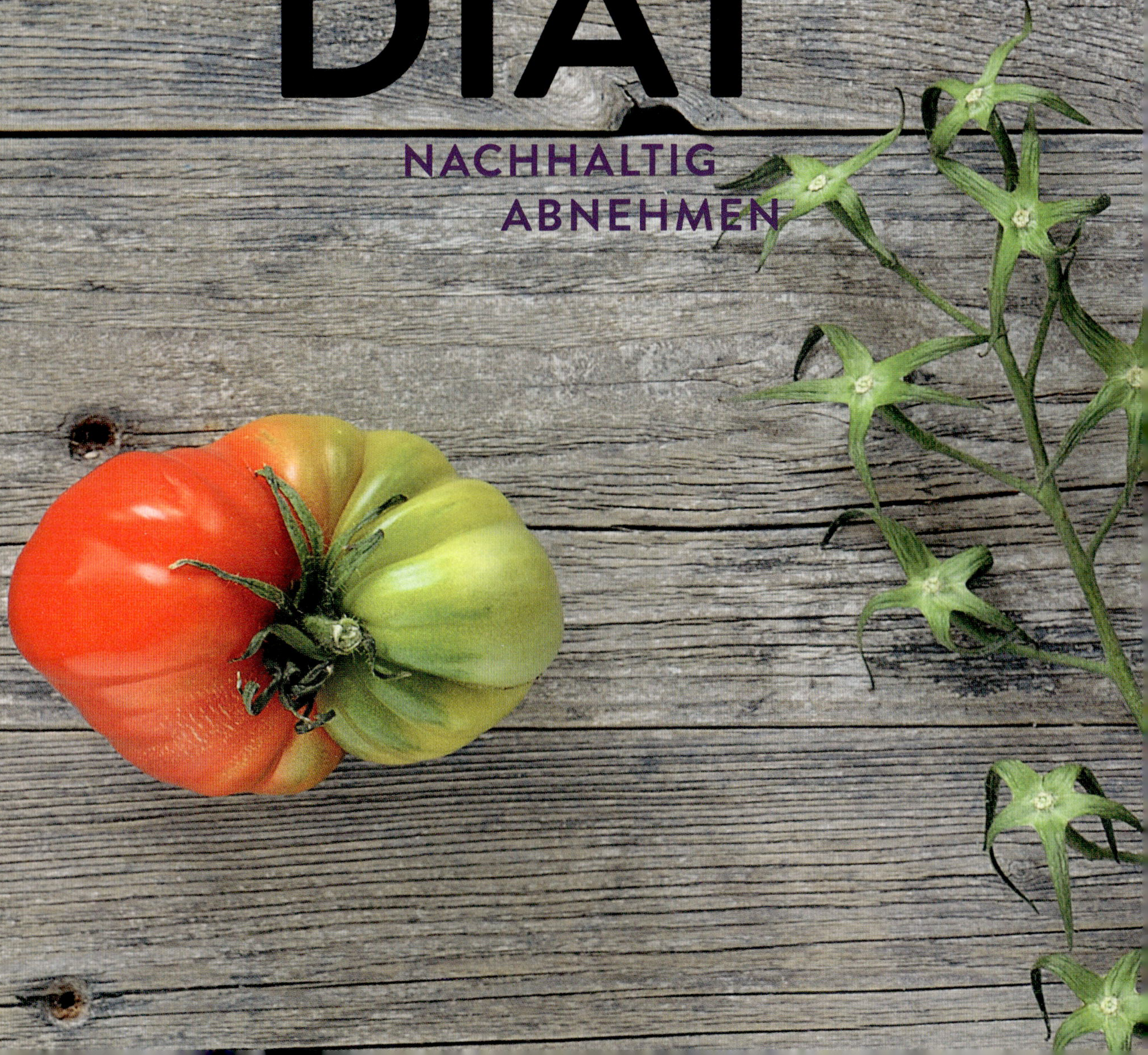

INHALT

QUALITÄTS G|U GARANTIE

DIE GU-QUALITÄTS-GARANTIE

Wir möchten Ihnen mit den Informationen und Anregungen in diesem Buch das Leben erleichtern und Sie inspirieren, Neues auszuprobieren. Bei jedem unserer Bücher achten wir auf Aktualität und stellen höchste Ansprüche an Inhalt, Optik und Ausstattung. Alle Rezepte und Informationen werden von unseren Autoren gewissenhaft erstellt und von unseren Redakteuren sorgfältig ausgewählt und mehrfach geprüft. Deshalb bieten wir Ihnen eine 100 %ige Qualitätsgarantie.

Darauf können Sie sich verlassen:
Wir legen Wert darauf, dass unsere Kochbücher zuverlässig und inspirierend zugleich sind.
Wir garantieren:

- dreifach getestete Rezepte
- sicheres Gelingen durch Schritt-für-Schritt-Anleitungen und viele nützliche Tipps
- eine authentische Rezept-Fotografie

Wir möchten für Sie immer besser werden:
Sollten wir mit diesem Buch Ihre Erwartungen nicht erfüllen, lassen Sie es uns bitte wissen! Nehmen Sie einfach Kontakt zu unserem Leserservice auf. Sie erhalten von uns kostenlos einen Ratgeber zum gleichen oder ähnlichen Thema. Die Kontaktdaten unseres Leserservice finden Sie am Ende dieses Buches.

GRÄFE UND UNZER VERLAG
Der erste Ratgeberverlag – seit 1722.

Das grüne Blatt bei den Rezepten kennzeichnet die vegetarischen Gerichte.

VORWORT

Abnehmen ist nur nachhaltig, wenn sich dabei auch etwas ändert: die Art zu essen, die Art zu leben, die Art zu kochen. Denn die bequemsten Lebensmittel machen in der Regel nicht satt – sondern dick.
Der Schlüssel zum gesunden Gewicht liegt in der Natur. Denn die Jahreszeiten ändern unseren Stoffwechsel und darauf müssen wir nicht nur Rücksicht nehmen, sondern diese Effekte für uns nutzen! Deshalb gibt es für jede der vier Jahreszeiten ein eigenes Kapitel. Aber auch das, was wir essen, sollte möglichst natürlich sein. So hat Gemüse nicht nur eine Fülle wunderbarer Nährstoffe, sondern einen großen Sättigungseffekt und wenig Kalorien, bietet grandiose Abwechslung und viel Geschmack. Auf der Basis dieser Erkenntnisse habe ich »Meine Grüne Diät« konzipiert. Aber: Sie muss auch einfach und schnell sein! Deshalb können Sie aus einer Gemüsesorte immer gleich zwei Gerichte kochen: ein warmes und ein kaltes. Das macht den Einkauf leichter und spart Zeit, Energie und Geld. Und ist auch für Berufstätige praktisch, weil sich das kalte Essen gut mitnehmen lässt. In jeder Jahreszeit gibt es ein Brotrezept, das etwas mehr Eiweiß und dazu viel mehr Ballaststoffe und Geschmack bietet als das Normalbrot. Außerdem finden Sie in jedem Kapitel ein ganz spezielles Müsli der Saison und eine Zaubersuppe, die faule Köche viermal satt macht. Tees und Smoothies helfen, Krisen zu überwinden und den Stoffwechsel beim Abnehmen zu unterstützen. Schritt für Schritt werden Sie unglaublich tolle Gemüsesorten, Gewürze und Kräuter kennenlernen.
Eine Austauschtabelle und viele Varianten ermöglichen zusätzlich Abwechslung und einen ganz individuellen Speisezettel. Den können Sie mit Hilfe der maßgeschneiderten App auch selber gestalten. So ist »Meine Grüne Diät« nicht nur wirkungsvoll, sondern auch nachhaltig. Sie werden danach anders kochen und essen. Nutzen Sie die Kraft der Natur – dann werden Sie mit Leichtigkeit Ihr neues Gewicht auch halten.
Das wünscht Ihnen

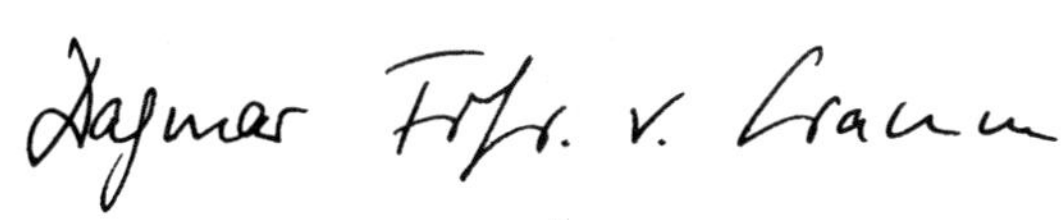

Dagmar von Cramm

DIE KRAFT DER NATUR

WER AUF DAUER ABNEHMEN MÖCHTE, DER KANN DAS NICHT GEGEN DIE JAHRESZEITEN TUN. DENN UNSER KÖRPER REAGIERT AUF LICHT UND TEMPERATUR, LEBT MIT DER SAISON, IHREN RITUALEN UND TRADITIONEN. NUTZEN SIE DIE KRAFT DER NATUR, UM AUF DAUER SCHLANK ZU SEIN.

LICHT UND GEWICHT

Zu wenig Tageslicht macht hungrig! Denn die Lichtverhältnisse beeinflussen unsere Hormone. Tageslicht fördert die Produktion von Serotonin, das für gute Stimmung, Aktivität und Vitalität zuständig ist. Wenn es fehlt, steigt der Appetit – vor allem auf etwas Süßes. Das war in der kalten Winterzeit auch sinnvoll, weil der Kalorienverbrauch stieg. Heute spielt das keine Rolle mehr – im Gegenteil – wir bewegen uns dann noch weniger und haben es Dank moderner Technik schön warm. Deshalb ist es wichtig, auch in der dunklen Jahreszeit – ohne Lichtschutzfaktor – an die Luft zu gehen, damit die Serotoninproduktion angeregt wird. Wer kann, sollte in die Berge oder ans Meer fahren – dort ist die Lichtintensität besonders groß. Und wenn der Körper nach Süßem verlangt, können auch Kohlenhydrate aus Gemüse helfen: Sie werden im Körper auch zu Glucose abgebaut – aber sehr langsam und wirkungsvoll!

KÄLTE ZEHRT

Die Temperatur der Umgebung spielt für unseren Kalorienverbrauch eine wichtige Rolle: Wenn wir gegen Kälte anheizen, dann verbrauchen wir Energie. Andererseits sinkt unsere Körpertemperatur, wenn wir hungern – eine Sparmaßnahme, die jeder kennt, der eine Diät macht. Die beste Methode dagegen ist Bewegung! Dazu Lebensmittel, die den Stoffwechsel anheizen. Das sind zum einen scharfe Substanzen in Gewürzen, Kräutern oder Tees. Zum anderen Eiweiß, das den Stoffwechsel durch den Abbau anregt. In der Wissenschaft heißt das: postprandiale Thermogenese und in der Alltagssprache: fat burning! Doch auch große Hitze zehrt, weil der Körper schwitzen muss, um zu kühlen.

DIE JAHRESZEITEN

Nicht zufällig ist bei uns im Frühjahr Fastenzeit: Steigende Temperaturen und mehr Licht lassen den Appetit sinken und die Bewegungsfreude steigen. Der Effekt hält, unterstützt von einem besseren Körpergefühl, im Sommer an: Wenn die Hüllen fallen, sehen wir nämlich unseren Körper viel realistischer! Dann beginnt mit dem Herbst die Zeit, in der früher der Winterspeck angesammelt wurde. Den werden wir heute nicht mehr los. Deshalb ist es sinnvoll, in der warmen Jahreszeit abzunehmen und in der kalten Jahreszeit diese Abnahme zu halten und auszubauen. Die Natur schenkt uns dafür genau die richtigen Lebensmittel – wir müssen nur zugreifen!

DER CIRCADIANE RHYTHMUS

Regelmäßige Esszeiten und vor allem die Pausen dazwischen sind eine wichtige Basis für ein nachhaltig gesundes Gewicht. Studien des Max-Planck-Instituts zeigten: Ohne äußere Reize pendelte sich im 24-Stunden-Rhythmus nach jeder Mahlzeit eine Pause von etwa 5 Stunden ein. Das bedeutet auch: Dreimal am Tag zu essen ist völlig ausreichend, vor allem wenn man weder körperlich hart arbeitet noch wächst. Deshalb ist es wichtig, sich zu jeder Mahlzeit satt zu essen und Snacks zwischendurch außen vor zu lassen. Deshalb sind meine Rezepte so aufgebaut, dass der Teller voll ist, der Magen entsprechend Sättigungssignale sendet und vor allem das Essen lange vorhält. Wer trotzdem schwächelt, trinkt einen Tee oder Smoothie.

SCHLAF HILFT

Die Wahrscheinlichkeit für Übergewicht steigt bei einer Schlafdauer unter sieben Stunden an. Denn zu wenig Nachtruhe stört das Gleichgewicht zwischen den Hormonen Leptin und Ghrelin. Außerdem kann Übermüdung dazu führen, dass Erschöpfung als Hunger empfunden und mit Essen bekämpft wird. Allerdings: Auch wer mehr als neun Stunden schläft, neigt zu vielen Pfunden.

Meine entspannenden und beruhigenden Tees helfen, abends zur Ruhe zu kommen.

NATÜRLICH ABNEHMEN

GENETISCH SIND WIR AUF MANGEL GEPOLT – DESHALB MACHT UNS DER ÜBERFLUSS DICK UND DICKER. WENN WIR NICHT ZWISCHENDURCH AUF DIE BREMSE TRETEN, GANZ BEWUSST IN KLEINEN SCHRITTEN UNSER ESSVERHALTEN ÄNDERN UND DADURCH ABNEHMEN – LANGSAM ABER NACHHALTIG.

GEMÜSE IST DER SCHLÜSSEL

Kein Lebensmittel hat so wenig Kalorien und so viel wertvolle Nährstoffe wie Gemüse. Es enthält vor allem Wasser – und Ballaststoffe. Beides füllt den Magen und tut gut. Und weil sich die Pflanze gegen äußere Feinde schützen muss, enthält sie sehr viele Substanzen, die auch unsere Zellen regenerieren, schützen und schonen. Am höchsten ist der Gehalt an diesen Schutzstoffen – seien es Vitamine, Bioaktiv- oder Mineralstoffe – wenn das Gemüse Saison hat, reif und erntefrisch ist. So hat jede Jahreszeit typische Gemüsesorten mit ganz besonderen Vorteilen. Die gilt es zu nutzen und geschickt zu kombinieren, sodass am Ende ein Essen herauskommt, das schnell zubereitet ist, köstlich schmeckt, satt macht und einen idealen Nährstoffmix bietet. Und Früchte? Für sie gilt Ähnliches. Allerdings enthalten sie relativ viel Zucker und machen eher Appetit, als dass sie sättigen – deshalb reichen 1–2 Handvoll pro Tag.

KEEP IT SIMPLE

Gemüse macht mehr Arbeit als eine Fertigpizza – und es ist nicht ewig haltbar. Deshalb habe ich für jede Gemüsesorte ein warmes und ein kaltes Rezept entwickelt, die Sie beide auf einer Seite finden. Der Trick: Sie kaufen gleich die doppelte Menge einer Gemüsesorte ein und bereiten die kalte Mahlzeit zum Teil mit der warmen vor. Das spart Zeit, Energie und Arbeit. Wer abends was Warmes kocht, kann die kalte Mahlzeit am nächsten Tag ins Büro mitnehmen. Wer mittags kocht, hat das Abendbrot schon fertig. Natürlich kann auch jedes Rezept einzeln zubereitet werden. Die Mengen sind immer für 2 Portionen – Singles können 1 Portion einfrieren oder essen dann eben 2 Tage lang Spargel. Auf den Seiten 15, 17, 19 und 21 finden Sie Vorschläge für Saison-Speisepläne.

MÄCHTIGE GEWOHNHEITEN

Wie und was wir unser Leben lang essen, prägt unsere Vorlieben nachhaltig. Deshalb enden alle einseitigen oder künstlichen Diäten letzten Endes mit dem Jojo-Effekt: Man wiegt mehr als zuvor. Eine langfristig erfolgreiche Diät muss an unsere Gewohnheiten und Vorlieben anknüpfen, Raum lassen für Varianten und trotzdem klare Regeln haben. Aus diesem Grund gibt es in jeder Jahreszeit ein besonderes Brot, das beim Abnehmen hilft und Ihnen ein normales Abendbrot ermöglicht. Dazu selbst gemachte Aufstriche für jeden Geschmack mit den besten Zutaten der Saison. Das lässt keine kulinarische Langweile aufkommen.

Egal, ob Milchprodukte oder Nüsse, es gibt immer einen Ersatz.

DAS ESS' ICH NICHT

Sie mögen keinen Fisch, hassen Rosenkohl oder haben eine Nuss-Allergie? Kein Problem. Jedes Rezept bietet eine Menge Varianten. Und auf den Seiten 22 und 23 finden Sie eine Austauschtabelle die zu den wichtigsten Lebensmitteln Alternativen mit ähnlichem Kaloriengehalt aufgelistet. Wer Probleme mit Milchzucker hat, greift zu laktosefreien Produkten. Und wer Gluten nicht verträgt, tauscht Weizen gegen andere Getreidesorten aus. Was Sie nicht vertragen, ersetzen Sie durch Bekömmlicheres!

LOW WAS?

Zurzeit sind Eiweiß-Diäten hoch im Kurs, Fett scheint egal zu sein, Kohlenhydrate werden verteufelt. Doch sämtliche Studien zeigen: Letzten Endes kommt es darauf an, ob wir mehr Kalorien tanken, als wir verbrauchen. Bei den Kohlenhydraten ist entscheidend, wie schnell sie verdaut werden – »langsame« Kohlenhydrate in Gemüse, Vollkorn, Nüssen und Saaten machen lange satt und erleichtern es, nicht zu viel zu essen. Eiweiß ist tatsächlich ein Schlankmacher – und bei Fett kommt es auf die Qualität an. Aber wir essen Lebensmittel, nicht Nährstoffe. Und deshalb ist ein vielseitiger Mix immer noch die beste Lösung. Am Ende geht es um die Energiebilanz: Ein Zuviel vom Guten kann eben auch dick machen.

SO FUNKTIONIERT ES

SETZEN SIE SICH EIN REALISTISCHES ZIEL: MEHR ALS EIN KILO ABNAHME IN DER WOCHE SOLLTE ES AUF DAUER NICHT SEIN. WIEGEN SIE SICH EINMAL IN DER WOCHE UND LEGEN SIE EINE KURVE AN: DAS MOTIVIERT UND LÄSST SIE KLEINE RÜCKSCHLÄGE BESSER ÜBERSTEHEN.

DREI MAHLZEITEN SIND GENUG

Zwischenmahlzeiten galten lange als Schlankmacher. Inzwischen ist klar: Je häufiger wir essen, desto mehr Kalorien sind es am Ende des Tages. Was für körperlich hart arbeitende Menschen und für Heranwachsende oder Schwangere sinnvoll ist, macht den Normalbürger dick. Deshalb gibt es bei »Meiner Grünen Diät« ein Frühstück, eine kalte und eine warme Mahlzeit. Morgens können Sie Müsli oder belegtes Brot essen. Dazu habe ich für jede Jahreszeit ein Brot entwickelt, das etwas mehr Eiweiß und Ballaststoffe hat. Wer ganz früh noch nichts essen kann, darf sich das Brot auch als zweites Frühstück mitnehmen. Ob Sie die warme Mahlzeit mittags oder abends zu sich nehmen, spielt keine Rolle – alle kalten und warmen Mahlzeiten lassen sich untereinander austauschen. Wenn die Zeit mal knapp ist, gibt es für jede Saison eine Suppe für 4 Mahlzeiten. Die lässt sich schnell erhitzen – auch am Arbeitsplatz.

TEE FÜR JEDE GELEGENHEIT

Trinken ist wichtig! Etwa 1,5 Liter sollten es pro Tag sein – möglichst kalorienfrei. Das kann Wasser sein, aber das wird schnell langweilig. Und deshalb finden Sie in jeder Saison drei wirkungsvolle und aromatische Tees. Einer wirkt anregend, denn wer abnimmt ist oft müde und friert. Dieser Tee heizt ein und macht wieder wach. Der zweite bekämpft den Süßhunger. Wenn Sie Heißhunger auf etwas Süßes haben, befriedigt sein Aroma dieses Bedürfnis – ganz ohne Kalorien. Und wer abends aufgekratzt ist – auch das kann beim Abnehmen passieren – brüht sich den Schlummertee. Das erspart schlaflose Nächte mit Essattacken vor dem Kühlschrank ...

SMOOTHIES STATT SNACKS

Zwischendurch essen ist nicht sinnvoll. Wer aber tatsächlich einen Durchhänger hat, der darf bis zu 15 ungeschälte Mandeln knabbern. Oder eine Handvoll rohes Obst. Oder rohes Knabbergemüse so viel Sie wollen. Oder sich einen Smoothie mixen. In jeder Jahreszeit gibt es je ein Rezept gegen Heißhunger, einen Detox-Drink und einen Wachmacher. Das Gute an den Smoothies: Sie enthalten wie Rohkost alle Ballaststoffe der Pflanze, sind im Nu zubereitet und lassen sich auch an den Arbeitsplatz mitnehmen. Aber mehr als ein Smoothie pro Tag sollte es nicht sein.

Besonders aromatisch sind Mischungen mit Wildkräutern und bunten Salaten für Smoothies.

UND GRÜNER SALAT?

Richtig: Es gibt kaum Blattsalate. Stattdessen gibt es Smoothies, die Blattsalat ersetzen. Wer Appetit auf grünen Salat hat, kann ihn natürlich zusätzlich zubereiten. Am besten mit einer Vinaigrette aus Essig oder Zitronensaft, Senf, Salz, Pfeffer und wirklich nur einem Tropfen Öl. Wer prima abnimmt, darf die Ölmenge erhöhen. Und Tomaten, Radieschen oder Gurke schmecken auch einfach mit Salz und Pfeffer.

KAFFEE ODER TEE?

Eingefleischte Kaffeetrinker oder Liebhaber von schwarzem Tee müssen jetzt nicht 100-prozentig auf die grünen »Wundertees« umsteigen. Denn das kann richtige Entzugserscheinungen, vor allem bei Kaffee, zur Folge haben – und ein Verzicht macht es Ihnen unnötig schwer. Doch bitte beides ohne kalorienreichen Zucker, Honig oder Sirup genießen! Den Kaffee allenfalls mit Süßstoff und fettarmer Milch trinken. Wer Latte Macchiato liebt, sollte sich auf 1 Glas am Tag beschränken, ihn mit fettarmer Milch ohne Zucker zubereiten – und dann den Smoothie weglassen. Für den Tee ebenfalls Süßstoff verwenden – oder 1 getrocknetes Blatt Stevia aus dem Reformhaus mit aufbrühen. Instant-Produkte sollten Sie streichen – sie heizen den Süßhunger an und sind ziemlich kalorienreich.

ABNEHHMEN IM FRÜHLING

JETZT IST DIE KLASSISCHE ZEIT, UM ABZUNEHMEN. NUTZEN SIE DAS ZUNEHMENDE LICHT, DIE AUFBRUCH-STIMMUNG UND DAS ZARTE GRÜN, DAS SPRIESST: WILD- UND GARTENKRÄUTER, BLATTGEMÜSE UND SPARGEL, ERDBEEREN UND RHABARBER SIND REICH AN BITTERSTOFFEN, DIE ENTWÄSSERN UND ENTGIFTEN.

AUFBRUCHSTIMMUNG

Die Fastenzeit ist traditionell zum Entgiften und Entschlacken da. Die guten Vorsätze werden jetzt in die Tat umgesetzt – Sie sind umgeben von Gleichgesinnten. Machen Sie sich das zunutze, aber fasten Sie nicht rigoros. Das ist sinnvoll für alle, die wenige Kilos abnehmen möchten und die Fastenerfahrung suchen. Wer langfristig abnehmen will, sollte das wunderbare Frühlingsgemüse nutzen und einfach mit »Meiner Grünen Diät« starten: Sammeln Sie Brennnesseln, Giersch, Löwenzahn und Sauerampfer, entdecken Sie Radieschen mit Grün, den jungen Spinat und zarte Möhren und Kohlrabi und lassen Sie sich auf die Spargelsaison ein. Sie werden merken: Ihr Süßhunger lässt nach, wenn Sie sich der Sonne zuwenden und die zart bitteren Frühlingsgemüse genießen. Gehen Sie so oft wie möglich an die frische Luft: Das kurbelt Ihre Serotoninproduktion an und füllt die Vitamin-D-Speicher auf.

KAMPF DER FRÜHJAHRSMÜDIGKEIT

Nicht jeder fühlt sich jetzt topfit – der Winter hat seine Spuren hinterlassen, der Umschwung strengt zusätzlich an. Am besten nicht dem Impuls folgen einfach ins Bett zu gehen. Überwinden Sie sich, nehmen Sie jeden Sonnenstrahl mit und bewegen Sie sich in der Natur. Jetzt ist der richtige Zeitpunkt, mit Walken oder Joggen zu beginnen. Versuchen Sie, regelmäßig aktiv zu werden – Verabredungen mit Freunden helfen dabei. Der Beginn der hellen Jahreszeit mit ihrer Aufbruchstimmung ist ideal geeignet, neue Gewohnheiten zu schaffen und die innere Uhr auf Aktivität umzustellen. Das hilft Ihnen auch, Erkältungen abzuwehren, die jetzt häufiger auftreten. Denn körperliche Aktivität steigert nicht nur den Energieverbrauch, sondern auch die Immunabwehr.

MEIN WOCHENPLAN FRÜHLING

DONNERSTAG

Schon jetzt sollten Sie an nächste Woche denken. Für das Weizen-Wunderbrot müssen Sie für etwa 10 Stunden die Weizenkörner mit Wasser und Zitronenschale einweichen. Bis Samstag 1- bis 2-mal am Tag durch ein Sieb spülen und auf die grünen Spitzen warten!

SAMSTAG

Da die Supermärkte am Sonntag zu sind, kaufen Sie die Lebensmittel für die nächsten drei Tage ein. So vorbereitet können Sie am Sonntag ohne großen Aufwand mit der Diät anfangen. Backen Sie das leckere Weizen-Wunderbrot als Vorrat für die Woche.

TAG 1: SONNTAG

Heute starten Sie in den Tag mit dem frischen **Weizen-Wunderbrot** (siehe S. 30) und **Sauerampfer-Zitronen-Quark** (siehe S. 32), der in 15 Minuten fertig ist. Statt Mittagessen und Sonntagskuchen machen Sie am Nachmittag die **Erdbeerquark-Schichtspeise** (siehe S. 51). Zum Abendessen das **Spargelragout** (siehe S. 37) kochen, die Spargelschale für den **Süßhungertee** aufheben und gleich den Spargel (500 g) für den morgigen Salat mitkochen. Am Abend den Spargelsalat für das Mittagessen am Montag zubereiten.

TAG 2: MONTAG

Zum Frühstück gibt's 2 Scheiben **Weizen-Wunderbrot** mit dem **Sauerampfer-Zitronen-Quark**. Zum Mittagessen genießen Sie **Spargelsalat** (siehe S. 37) mit einer Scheibe Weizen-Wunderbrot. Wenn Sie nach der Arbeit Hunger haben, machen Sie den **Smoothie** Gurke gegen Heißhunger (siehe S. 26) oder einen **Tee** und kochen die **Frühlings-Wundersuppe** (siehe S. 34). Richten Sie eine Portion für das Mittagessen am nächsten Tag.

TAG 3: DIENSTAG

Zum Frühstück gibt es 2 Scheiben **Weizen-Wunderbrot** mit dem **Sauerampfer-Zitronen-Quark** oder dünn gebuttert mit **Fruchtaufstrich oder Honig**. Zum Mittagessen machen Sie eine Portion **Frühlings-Wundersuppe** in der Mikrowelle heiß. Wenn Sie wieder zu Hause sind, macht Sie der **Smoothie** Chili gegen Durchhänger (siehe S. 26) fit. In 45 Minuten ist die **Spinatpfanne** (siehe S. 39) fertig. Bereiten Sie gleichzeitig den Spinat-Nudel-Salat für den nächsten Tag zu. Am Abend die Zutaten von Mittwoch bis Samstag einkaufen! Und abends das Frischkornmüsli einweichen.

TAG 4: MITTWOCH

Mit frischen Erdbeeren das **Frühlings-Frischkornmüsli** (siehe S. 28) genießen. Mittags gibt es **Spinat-Nudel-Salat** (siehe S. 39) und nach der Arbeit gönnen Sie sich einen **Tee**. Zum Abendessen steht **Kräutergratin** (siehe S. 41) auf dem Menü. Mit diesem Rezept ist der Kräuterkäse für morgen schon fertig. Da bleibt Zeit, fürs Frühstück die Erdbeer-Couscous-Mandelcreme zu machen.

TAG 5: DONNERSTAG

Essen Sie das **Weizen-Wunderbrot** mit der **Erdbeer-Couscous-Mandelcreme** (siehe S. 33). Fürs Mittagessen den **Salat**, den **Kräuterkäse** und das **Dressing** (siehe S. 41) mitnehmen. Wenn Sie wieder zu Hause sind und Lust haben, vergessen Sie mit dem **Tee** Entspannt und Beruhigt den stressigen Tag. Zum Abendessen gibt es **Gefüllte Kohlrabi** (siehe S. 49). Bereiten Sie gleichzeitig den Kohlrabiburger für Freitag zum Mittagessen vor.

TAG 6: FREITAG

Zum Frühstück gibt es 1 Scheibe **Weizen-Wunderbrot mit Erdbeer-Couscous-Mandelcreme** und 1 große Portion **Obst**. Der **Kohlrabiburger** (siehe S. 49) fürs Mittagessen ist schon fertig. Nach der Arbeit können Sie einen **Smoothie** oder **Tee** trinken. Um die Woche gesund abzuschließen, bereiten Sie **Möhrenrouladen** (siehe S. 47) zum Abendessen zu.

TAG 7: SAMSTAG

Schnelles **Weizen-Wunderbrot**: 1 Scheibe mit **Erdbeer-Couscous-Mandelcreme**, 1 Scheibe mit **Putenschinken**. Schnell noch den **Couscous-Möhrensalat** (siehe S. 47) fürs Mittagessen vorbereiten – und dann einkaufen oder einen Ausflug machen. Abends Gäste zum **Fisch in Radieschenblättersauce mit Bulgur** (siehe S. 45) einladen. Dann können Sie schon die Radieschenstippe für den Sonntagsausflug vorbereiten.

ABNEHMEN IM SOMMER

SONNENKOST IST ANGESAGT: TOLLES OBST, WUNDERBARES GEMÜSE, WÄRME UND LICHT MACHEN ABNEHMEN SO EINFACH WIE NIE! ES GIBT JEDE MENGE AKTIVITÄTEN, DIE IHREM KÖRPER GUTTUN: GEHEN SIE SCHWIMMEN, WANDERN UND RADELN SIE – DAS ALLES TRÄGT ZUM MUSKELAUF- UND FETTABBAU BEI.

LICHT UND ABNEHMEN

Im Sommer, wenn die Tage lang sind, schlafen wir eher weniger und sind aktiver. Das kurbelt den Grundumsatz an und sorgt für reichlich Serotonin. Gemeinsam mit der Hitze dämpft das den Appetit und weckt die Lust an leichten Genüssen. Genau dafür sind meine Rezepte gedacht: Viel frisches Gemüse, auch mariniert oder roh als Salat, machen auf leichte Art satt. Ihr Serotoninspiegel steigt auch, wenn Sie sich tagsüber eher im Schatten aufhalten – pralle Sonne kann nämlich ganz schnell zu viel werden. Machen Sie jetzt aber auf keinen Fall eine Bikinikur – eine zu schnelle Abnahme baut Muskeln statt Fett ab und Ihr Kalorienbedarf sinkt. Das kann zum Jojo-Effekt führen. Drehen Sie lieber an der Bewegungsschraube! Wer wirklich keinen Appetit hat, kann das Frühstück durch einen Smoothie oder Obst pur ersetzen. Das füllt die in der Nacht geleerten Energiespeicher auf, regt den Stoffwechsel an und sorgt gleichzeitig für Flüssigkeit.

VORSICHT DURSTLÖSCHER & GRILL!

Auch im Sommer kann man zu viel essen und vor allem trinken. Süße Getränke und Eiscreme rutschen bei Hitze besonders gut – selbst Saftschorle wird da zum Dickmacher. Trinken Sie lieber meine Tees gut gekühlt mit Eis. Und wer unbedingt ein Eis lecken möchte, kann Smoothies einfach in Stieleisformen einfrieren. Die nächste Hürde sind die vielen Grillabende. Auch dafür gibt es Rezepte – und mageres Fleisch, Fisch oder Gemüse pur ist kein Problem. Grillsaucen, mächtige Marinaden oder Brot werden schnell zu viel. Beim Alkohol ist ebenfalls maßhalten angesagt – nicht nur wegen der Kalorien! Denn mit den Drinks lässt auch die Disziplin nach. Allenfalls ein Gespritzter mit viel Wasser und wenig Wein ist drin.

MEIN WOCHENPLAN SOMMER

SAMSTAG

Da die Supermärkte am Sonntag zu sind, kaufen Sie heute die Lebensmittel für die nächsten drei Tage ein.

TAG 1: SONNTAG

Heute in nur 10 Minuten frisches **Sommer-Knuspermüsli** (siehe S. 56) machen – der Mix reicht für die ganze Woche! Dazu gibt's Beeren. Statt Sonntagskuchen genießen Sie mittags 2 Stücke von der erfrischenden **Beeren-Joghurt-Torte** (siehe S. 78; 2 Stück für Montagmittag aufheben!). Zum Grillabend ist das sommerliche **Grillsteak mit Melonen-Tomaten-Salsa** (siehe S. 77) perfekt. Als Aperitif gibt es den **Smoothie** Rote Bete gegen Durchhänger (siehe S. 54).

TAG 2: MONTAG

Frühstücken Sie das **Sommer-Knuspermüsli,** das Sie gestern zubereitet haben, mit Beeren. Zum Mittagessen nehmen Sie 2 Stück **Beeren-Joghurt-Torte** mit zur Arbeit. Wenn Sie Hunger nach der Arbeit haben, machen Sie sich den **Smoothie** Melone gegen Heißhunger (siehe S. 54) und backen das würzige **Sommerfladenbrot** (siehe S. 58), das 12 Stücke ergibt. Frieren Sie 2 Stücke ein – Sie werden für sich selber bis Mittwoch 10 Stücke brauchen. Ab Donnerstag können Sie ein anderes Brot essen oder ein zweites backen. Während es bäckt, den **Tomatendip** (siehe S. 61) zubereiten. Zum Abendbrot 2 Stücke **Fladenbrot** mit 2 Portionen **Tomatendip** essen und dazu 1 **hart gekochtes Ei** oder 50 g **grüne Oliven.**

TAG 3: DIENSTAG

Zum Frühstück gibt es **Sommer-Knuspermüsli** – vielleicht haben Sie noch **Melone** oder **Pfirsich** dazu. Nehmen Sie 2 Stücke **Sommerfladenbrot** und 2 Portionen **Tomatendip** zur Arbeit mit. Zusätzlich ist eine Portion **Obst** oder ½ **fettarmer Mozzarella** drin. Nach der Arbeit knabbern Sie **Gemüse-Rohkost** und danach ans Dinner denken. Mit einem gesunden Twist kochen Sie zum Abendessen **Zucchinipuffer mit Knoblauchquark** (siehe S. 69). Bereiten Sie alles für den Zucchinisalat zu – aber noch nicht mischen, sondern getrennt in den Kühlschrank stellen. Am Abend kaufen Sie die Zutaten für die übrige Woche ein.

TAG 4: MITTWOCH

Starten Sie den Tag mit dem **Sommer-Knuspermüsli.** Mixen Sie schnell den **Zucchinisalat** (siehe S. 69) für das Mittagessen und vergessen Sie nicht, ein Stück **Fladenbrot** mitzunehmen! Bevor Sie mit dem Kochen anfangen, genießen Sie den **Smoothie** Detox mit Artischocken (siehe S. 54). Zum Abendessen kochen Sie **Bohnentopf mit Kasseler und Kartoffelstampf** (siehe S. 73). Die Kartoffeln, Kasseler und Bohnen für den Salat am nächsten Tag gleich mitgaren und alles ohne Rucola schon mischen. Wer mag, mixt heute schon die Aprikosen-Dattel-Creme fürs Frühstück. Und bäckt ein zweites Fladenbrot!

TAG 5: DONNERSTAG

Toasten Sie zum Frühstück 2 Stücke **Brot** und streichen Sie **Aprikosen-Dattel-Creme** (siehe S. 60) drauf. Schnell den **Bohnen-Kartoffel-Salat** (siehe S. 73) nachwürzen und getrennt vom Rucola mitnehmen – erst vor dem Mittagessen mischen. Wenn Sie wieder zu Hause sind, können Sie mit dem **Maisbart-Rosentee** (siehe S. 55) entspannen. Auf der Abendkarte steht **Spaghetti mit Tomaten-Nuss-Sauce** (siehe S. 65). Bereiten Sie nebenbei die Gazpacho für den nächsten Mittag zu.

TAG 6: FREITAG

Das Wochenende ist fast da: Mit dem **Sommer-Knuspermüsli** tanken Sie Energie. Die **Gazpacho** (siehe S. 65) mit 1 Stück **Sommerfladenbrot** fürs Mittagessen einpacken. Zu Hause angekommen, hilft eisgekühlter **Lindenblüten-Melissen-Tee** (siehe S. 55) beim Entspannen. Zum Abendessen gibt es **Auberginen-Tonnato** (siehe S. 67). Grillen Sie gleich die zweite Aubergine mit für das morgige Auberginen-Kaviar-Rezept.

TAG 7: SAMSTAG

Zum Frühstück noch mal **Sommer-Knuspermüsli** mit saftigen Sommerfrüchten genießen. Lust auf einen Ausflug? Kein Problem: **Auberginen-Kaviar mit Brot** (siehe S. 67) ist geeignet fürs Picknick. Nehmen Sie gekühlten **Zitronen-Thymiantee** (siehe S. 55) mit. Falls Sie Gäste zum Abendessen einladen wollen, sind **Artischocken mit Avocadodip** (siehe S. 71) perfekt! Dazu gibt es pro Portion 1 Stück **Sommerfladenbrot.**

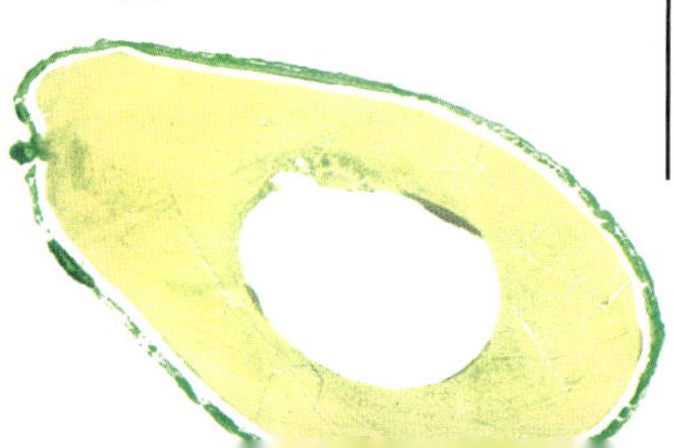

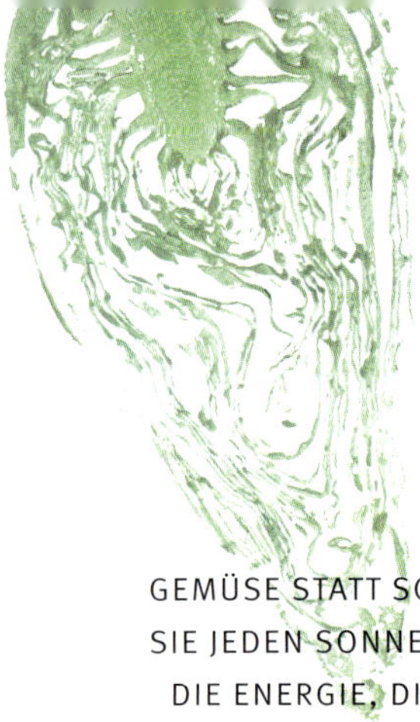

ABNEHMEN IM HERBST

GEMÜSE STATT SCHLACHTPLATTE HEISST DIE DEVISE: NOCH IST DAS ANGEBOT SO ÜPPIG WIE NIE! NEHMEN SIE JEDEN SONNENSTRAHL MIT, ABER GEHEN SIE AUCH BEI TRÜBEM WETTER NACH DRAUSSEN. NUTZEN SIE DIE ENERGIE, DIE SIE IN DEN SOMMERFERIEN GETANKT HABEN, UM WEITER GENÜSSLICH ABZUSPECKEN.

ERNTEZEIT

Nicht nur die Natur, auch Ihr Körper erntet die Früchte der Sonne: Ihr Vitamin-Depot ist gefüllt, die Abwehrkräfte sind hoch. Dies gilt es zu erhalten – auch wenn der Sonnenstand und die Temperaturen sinken. Versuchen Sie, die Sommergewohnheiten noch lange in den Herbst zu retten: Zum Schwimmen geht es nun in die Halle, Joggen klappt auch bei Kälte, Spaziergänge haben bei Wind und Wetter ihren eigen Reiz und wer gerne sammelt – von Hagebutten über bunte Blätter bis zur Kastanie – kommt ebenfalls auf seine Kosten. Das alles hält Ihren Serotoninspiegel oben. Denken Sie daran, Ihr Fitnessprogramm für die kalte Jahreszeit zu planen: Viele Kurse beginnen nach den Ferien. Und wer jetzt die Aktivitäten gut organisiert, hat es leichter, wenn die Stimmung tatsächlich sinkt. Für eine Probemitgliedschaft im Fitnesscenter ist nun der beste Zeitpunkt. Doch einmal täglich Tageslicht tanken ist weiterhin wichtig.

WINTERSPECK IST UNNÖTIG

Unser Körper neigt dazu, seine Fettdepots wieder zu füllen, wenn die Sonnenstunden abnehmen. Sie müssen ihn austricksen, denn der Winter ist heute keine Hungerzeit mehr. Die beste Waffe dagegen sind aromatische Gewürze, die kräftig einheizen und den Stoffwechsel weiter auf Trab halten: Ingwer, Chili, Meerrettich, Senf und Curry sind jetzt wahre Wundermittel. Auch in Tees entfalten sie ihre anregende Wirkung. Inulinreiche Gemüse wie Schwarzwurzeln, Pastinaken und Topinambur machen kalorienarm satt und stärken die Abwehrkräfte über die Darmflora. Körperliche Aktivität signalisiert Ihren Zellen ebenfalls: keine Winterruhe. Süßhunger ist ein Zeichen von zu wenig Serotonin: Da hilft nur Tageslicht. Gehen Sie an der frischen Luft spazieren.

MEIN WOCHENPLAN HERBST

SAMSTAG

Gehen Sie einkaufen, um die Lebensmittel für die nächsten drei Tage zu besorgen. Für die kommende Woche backen Sie heute das Herbstbrot und kochen Zwetschgenröster. Damit haben Sie für die nächsten Tage eine tolle Grundlage!

TAG 1: SONNTAG

Starten Sie Ihre Grüne-Diät-Woche mit 2 Scheiben frischem **Herbstbrot** (siehe S. 86), bestrichen mit **Magerquark** und **Zwetschgenröster** (siehe S. 89). Mittags wird süß geschlemmt: **Bratapfel mit Carobsauce** (siehe S. 107) nach dem Herbstspaziergang heizt ein. Danach gibt Ihnen der **Smoothie** Endivie gegen Durchhänger (siehe S. 82) Extraschwung. Kochen Sie die **Rüben-Samtsuppe** (siehe S. 90) zum Abendessen. Bereiten Sie den Müslimix für die Woche zu.

TAG 2: MONTAG

Frühstücken Sie das **Herbst-Nuss-Müsli** (siehe S. 84), das Sie gestern schon zubereitet haben. Zum Mittagessen nehmen Sie die **Rüben-Samtsuppe** mit und wärmen sie im Büro auf. Zu Hause baut Sie ein **Grüner Tee mit Rosmarin** (siehe S. 83) wieder auf. Kochen Sie **Hähnchensteak mit Curry-Sellerie-Püree** (siehe S. 101) zum Abendessen. Und rollen Sie sich schon mal die Wraps für morgen.

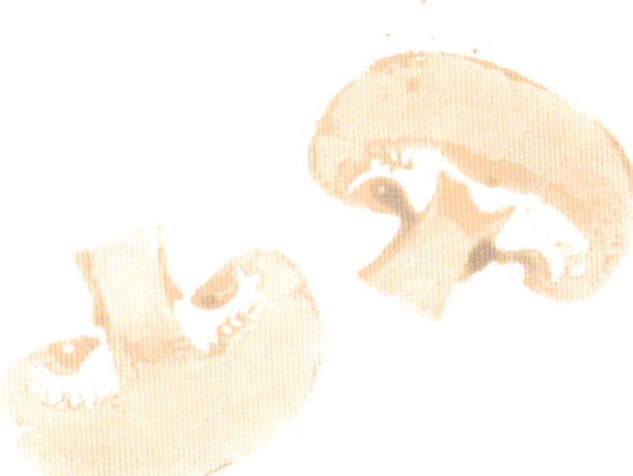

TAG 3: DIENSTAG

Zum Frühstück gibt es **Herbstbrot** mit **Zwetschgenröster**. Zur Arbeit nehmen Sie den **Waldorfsalat im Wrap** (siehe S. 101) mit. Wenn Sie wieder zu Hause sind, können Sie sich mit einem **Vanille-Gewürz-Tee** (siehe S. 83) verwöhnen. Zum Abendessen kochen Sie schnelle warme **Kürbisspalten mit Liptauer Quark** (siehe S. 103). Backen Sie gleich die doppelte Menge Kürbis für den Salat mit Kürbisspalten am nächsten Tag. Dressing und Salat aber erst morgen mischen. Am Abend kaufen Sie die Zutaten für die übrige Woche ein.

TAG 4: MITTWOCH

Die Hälfte der Woche ist fast um. Starten Sie stressfrei in den Tag: Frühstücken Sie 2 Scheiben **Herbstbrot** mit **Zwetschgenröster** und **Quark**. Nehmen Sie den **Salat mit Kürbisspalten** (siehe S. 103) zur Arbeit mit. Der **Smoothie** Detox mit Fenchel und Feige (siehe S. 82) hilft gegen den ersten Hunger. Zum Abendessen kochen Sie **Lauch-Spaghetti mit Geschnetzeltem** (siehe S. 105). Bereiten Sie den marinierten Paprikalauch auch gleich zu.

TAG 5: DONNERSTAG

Essen Sie morgens das **Herbst-Nuss-Müsli**. Nehmen Sie den **marinierten Paprikalauch** (siehe S. 105) zur Arbeit mit. Wenn Sie wieder zu Hause sind, genießen Sie einen Tee, z. B. **Lavendel-Himbeerblätter-Tee** (siehe S. 83). Was gibt es heute Abend zu essen? Würzige **Champignonpasta mit Käse** (siehe S. 93). Legen Sie nebenbei die marinierten Zitronenpilze ein. Bereiten Sie die Maroni-Espresso-Paste zu.

TAG 6: FREITAG

2 Scheiben **Herbstbrot** mit **Maroni-Espresso-Paste** (siehe S. 89) gibt Ihnen Schwung für den letzten Arbeitstag der Woche. Glücklicherweise können Sie die **marinierten Zitronenpilze** (siehe S. 93) mit 1 Scheibe **Herbstbrot** mit **Parmaschinken** einfach zur Arbeit mitnehmen. Nach Dienstschluss gibt es erst einmal entspannenden **Lavendel-Himbeerblätter-Tee** (siehe S. 83)! Zum Abendessen kochen Sie **Kasseler mit Bratapfel und Kartoffeln** (siehe S. 107) und lassen Sie es sich gut gehen.

TAG 7: SAMSTAG

Schlemmern Sie heute mit 2 Scheiben **Herbstbrot, der Maroni-Espresso-Paste** und **Parmaschinken**. Mixen Sie sich dazu als Fitmacher den **Smoothie** Endivie gegen Durchhänger (siehe S. 82). Mittags gibt es einen schnellen **Pastinaken-Birnen-Salat** (siehe S. 95) mit 1 Scheibe **Herbstbrot** – den können Sie auch fürs Picknick auf die Herbstwanderung mitnehmen. Abends heizt Ihnen das **Pastinaken-Curry** (siehe S. 95) tüchtig ein.

ABNEHMEN IM WINTER

EINE BESONDERE HERAUSFORDERUNG: DIE SONNE MACHT SICH RAR UND EINLADUNGEN HÄUFEN SICH. JETZT HEISST ES DURCHHALTEN UND AUF NEUE ART GENIESSEN. MIT KRÄFTIGEM WINTERGEMÜSE UND AROMATISCHEN ZITRUSFRÜCHTEN ZEIGT SICH DER WINTER VON DER KÖSTLICHEN SEITE.

WÄRME GEGEN WINTERBLUES

Der Winter ist die Zeit der kulturellen und gesellschaftlichen Höhepunkte. Wir zünden Lichter an und lassen es uns gut gehen – das hilft über die dunkle Zeit hinweg. Genießen Sie dieses Miteinander, gönnen Sie sich Theater, Kino, Literatur. Das lenkt von Glühwein, Keksen und Weihnachtsmarkt ab. Aber zwingen Sie sich trotzdem, täglich ans Tageslicht zu gehen, sonst sinkt Ihre Stimmung und der Süßhunger wächst. Verwöhnen Sie sich mit Sauna, Dampfbad und aromatischen Bädern zu Hause: Das regt Ihren Kreislauf an, wärmt von innen und stärkt die Abwehrkräfte. Wenn Schnee liegt, machen Spaziergänge noch mehr Spaß: Das Licht wird reflektiert und die Wintersportarten bieten neue Höhepunkte. Langlauf ist auch im Mittelgebirge möglich und Schneeschuhwandern trainiert die Muskeln besonders intensiv. Bedenken Sie: Es ist auch schon ein Gewinn, das Gewicht zu halten, um im Frühling weiter abzuspecken.

FESTE FEIERN

Die größte Hürde im Winter ist die Advents- und Weihnachtszeit. Während früher in dieser Zeit gefastet wurde, heizt die Wirtschaft das Geschäft mit Süßem und Fettigem maßlos an. Keine Stadt ohne Weihnachtsmarkt und Glühwein, kein Einkauf ohne Duftschwaden, die Geschäfte quellen vor Delikatessen in Massen über. Hier hilft nur maßhalten. Schließlich ist die Vorfreude und die Geschäftigkeit am Jahresende auch ein Vergnügen an sich. Kaufen Sie nur mit Liste ein und halten Sie sich strikt daran, so vermeiden Sie Hamsterkäufe. Und wenn Sie bei einer Einladung über die Stränge schlagen, vorher oder nachher eine Mahlzeit einsparen – das wirkt Wunder. Vermeiden Sie vor allem die »Jetzt-ist-alles-egal-Falle«, die so manchen Erfolg leider wieder zunichtemacht.

MEIN WOCHENPLAN WINTER

SAMSTAG

Gehen Sie einkaufen, um Lebensmittel für die nächsten drei Tage zu besorgen. In Vorbereitung auf die Woche backen Sie das Winterbrot.

TAG 1: SONNTAG

Auf der Speisekarte am Sonntagmorgen stehen 2 Scheiben **Winterbrot** (siehe S. 114) mit **Lachscreme** (siehe S. 116). Eine Scheibe können Sie auch süß belegen, mit 1 TL **Tahin** und 1 TL **Fruchtaufstrich**. Danach gibt es den **Smoothie** Grünkohl gegen Durchhänger (siehe S. 110). Mittags lassen Sie nach einem Winterspaziergang bei **Orangen-Nuss-Pfannkuchen** (siehe S. 135) Ihre Seele baumeln. Abends gibt es ein fixes Festessen: **Entenbrust mit Linsengemüse** (siehe S. 129). Nebenbei bereiten Sie den Apfel-Linsen-Salat für morgen zu.

TAG 2: MONTAG

In wenigen Minuten ist der **Winter-Carob-Porridge** (siehe S. 112) fürs Frühstück fertig. Den **Apfel-Linsen-Salat** (siehe S. 129) können Sie mit 1 Scheibe **Winterbrot** einfach zur Arbeit mitnehmen und mittags genießen. Zu Hause heizt Ihnen der **Zitrus-Chilitee** (siehe S. 111) ein. Abends gibt es die einfache **Winter-Wärmesuppe** mit 1 Scheibe Winterbrot (siehe S. 118). Über Nacht das Obst für den Frucht-Nuss-Aufstrich einweichen.

TAG 3: DIENSTAG

Zum Frühstück bereiten Sie den **Frucht-Nuss-Aufstrich** (siehe S. 117) zu und essen zwei Portionen auf 2 Scheiben **Winterbrot**. Die **Winter-Wärmesuppe** nehmen Sie mit 1 Scheibe **Winterbrot** zur Arbeit mit und machen sie dort heiß. Verschönern Sie Ihren Alltag abends mit **Grünkohl mit Tofu** (siehe S. 123). Aus den übrigen Grünkohlblättern machen Sie im Ofen **Grünkohlchips** (siehe Tipp S. 123) für den Abend. Während Sie gerade dabei sind, bereiten Sie den Grünkohlsalat mit Avocado-Vinaigrette und Kartoffelspalten für das morgige Mittagessen zu. Am Abend kaufen Sie die Zutaten für den Rest der Woche ein.

TAG 4: MITTWOCH

Genießen Sie Ihren **Winter-Carob-Porridge** zum Frühstück. Nehmen Sie den fertigen **Grünkohl-Avocado-Salat** und Kartoffelspalten (siehe S. 123) mit zur Arbeit. Wenn Sie wieder zu Hause sind, trinken Sie den **Smoothie** Detox mit Granatapfel (siehe S. 110), um sich aufzupeppen. Zum Abendessen machen Sie **Rosenkohlpfanne mit Raclettekäse** (siehe S. 125). Während der Rosenkohl kocht, bereiten Sie die Rosenkohl-Granatapfel-Rohkost für den nächsten Tag zu.

TAG 5: DONNERSTAG

Heute gibt es 2 Scheiben **Winterbrot** mit **Frischkäse** oder **Schichtkäse,** belegt mit **Apfelscheiben** und mit Zimt bestreut. Mittags essen Sie die mitgebrachte **Rosenkohl-Granatapfel-Rohkost** (siehe S. 125) und 1 Scheibe **Winterbrot.** Der **Apfel-Zimt-Tee** (siehe S. 111) gibt Ihnen nach der Arbeit ein bisschen Schwung zum Kochen. Aus dem Wok kommt ein leckeres Abendessen: **Endivien mit Garnelen und Pasta** (siehe S. 127). Bereiten Sie abends den Endiviensalat mit Orangen und Putenschinken zu, das Dressing aber erst morgen mit der Endivie mischen.

TAG 6: FREITAG

Kochen Sie **Winter-Carob-Porridge** zum Frühstück. Essen Sie mittags den mitgebrachten **Endiviensalat mit Orange und Putenschinken** (siehe S. 127). Wenn Sie Feierabend haben, entspannen Sie sich mit **Fenchel-Nelkentee** (siehe S. 111) und danach kochen Sie das Abendessen – **Sauerkraut-Soljanka** (siehe S. 131). Und voilà – ab jetzt ist Wochenende!

TAG 7: SAMSTAG

Morgens gibt es 2 Scheiben **Winterbrot** mit 1 Portion **Frucht-Nuss-Aufstrich** und **Putenschinken.** Der **Smoothie** Portulak gegen Heißhunger (siehe S. 110) nimmt den Keks-hunger. Machen Sie es sich mittags kuschelig mit einer heißen **Schwarzwurzelsuppe** (siehe S. 121). Bereiten Sie gleich die luxuriösen **Schwarzwurzeln mit Räucherforelle** (siehe S. 121) fürs Abendessen zu. Dazu gibt es eine Scheibe **Winterbrot.** Ist übrigens auch toll für Gäste. Und wie Sie inzwischen wissen, helfen gegen Süßhunger **Apfel-Zimt-Tee** (siehe S. 111) und ein paar Sonnenstrahlen!

LUST ZU TAUSCHEN?

KEINEN APPETIT AUF FISCH, SIE SIND VEGETARIER ODER FLEISCHFAN? ODER ES GIBT GERADE KEINEN SPARGEL ODER KEINE SCHWARZWURZELN? IN DIESER TABELLE KÖNNEN SIE SEHEN, WELCHE LEBENSMITTEL IN DEN REZEPTEN EINANDER ERSETZEN KÖNNEN, OHNE DASS SICH DABEI DER KALORIENGEHALT UND DIE MENGE ÄNDERT. ANGEGEBEN WIRD DER KALORIENGEHALT PRO 100 G.

KALORIEN PRO 100 G	LEBENSMITTEL
Obst	
30–45	Erdbeeren, Himbeeren, Blaubeeren, Brombeeren, Melone, Orange, Grapefruit, Pflaumen, Aprikosen
50–60	Apfel, Ananas, Mango, Kirschen, Birne, Kiwi
ca. 70	Tafeltrauben
ca. 90	Banane
ca. 300	Getrocknete Cranberrys, Rosinen, Berberitzen, Datteln
Gemüse als Beilage	
10–20	Spargel, Aubergine, Zucchini, Fenchelknolle mit Grün, Sellerieknolle, Radieschen mit Blättern, Tomaten, Paprikaschote, Landgurke, Schwarzwurzeln, frisches Sauerkraut
20–30	Kohlrabi, Wirsing, Brokkoli, Blumenkohl, Weißkohl, Rotkohl, Artischocken, Lauch, Hokkaido-Kürbis
30–40	Petersilienwurzeln, Topinambur, Möhren, Rosenkohl, Grünkohl, Grüne Bohnen, Rote Bete
60–70	Pastinaken, Zuckerschoten, Kartoffeln
ca. 90	Zuckermais
ca. 110	Süßkartoffel
ca. 130	Getrocknete Tomaten in Öl, Avocado
Blattgemüse	
10–20	Chinakohl, Pak Choi, Feldsalat, Kopfsalat, Endiviensalat, Chicorée, Blattspinat, Mangold
20–30	Löwenzahnblätter, Rucola, Radieschenblätter, Rübstiel, Rote-Bete-Grün, Pflücksalat
Stärkereiche Beilagen	
ca. 90	Amaranth, Quinoa, Haferflocken, Zartweizen
ca. 130	Sojanudeln, Mie-Nudeln, Vollkornbandnudeln, Vollkornspaghetti, Vollkorn-Basmatireis, Vollkorn-Mochireis, Vollkorn-Risottoreis, Naturreis, Couscous, Hirseflocken, Buchweizen, Bulgur, Gerste, Schnellkochdinkel
ca. 200	Pumpernickelbrot, Roggenvollkornbrot, Kürbiskernbrot, Roggenmischbrot, Weizenvollkornbrot, Maronen
ca. 220	Sonnenblumenkernbrot, Leinsamenbrot, Haferbrot
ca. 250	Herbstbrot, Sommerbrot, Winterbrot, Frühlingsbrot, Vollkorn-Toastbrot, Mehrkornbrot, Wrap-Fladen
ca. 320	Knäckebrot
ca. 390	Runder Yufkateig, Reiswaffeln

Kalorien pro 100 g	Lebensmittel

Hülsenfrüchte getrocknet und gekocht

105–125	Kichererbsen, Kidneybohnen, rote, gelbe, grüne Linsen

Eiweißreiche Kost

ca. 70	Tofu natur, Tofuwürstchen, Falafel, Tofubratling, Garnelen, Krabben, Kalamaris, eingelegte Venusmuscheln
ca. 100	Lachs, Seelachs, Zander, Scholle, Seezunge, Pangasius, Seehecht
ca. 120	Magerer Kochschinken, magere Schinkenwürfel, Lachsschinken, magerer Rohschinken, Kasseler, mageres Schweinesteak, Filet, Rinderroulade, Rinder-Tatar, Putenbrust, Putenschinken, Hühnerbrustfilet, Thunfisch im eigenen Saft, geräucherte Forellenfilets, Ei
ca. 200	Räucherlachs, mageres Rinderhackfleisch
ca. 230	Luftgetrocknete Salami, fettarme Wiener Würstchen (17 % Fett), gemischtes Hackfleisch, Sardinen in Öl, Matjesfilet
ca. 300	Parmaschinken mit Fettrand, Bacon, Schinken-Lyoner, Schinkenwurst
ca. 340	Salami italienische Art, feine Leberwurst

Käse und Milchprodukte

ca. 65	Magerquark, fettarmer Kefir (1,5 % Fett), Joghurt (1,5 % Fett), fettreduzierter Frischkäse (< 10 % Fett i. d. Tr.)
ca. 155	Sahnequark (40 % Fett i. d. Tr.), fettarmer Mozzarella (8,5 % Fett i. d. Tr.), fettarmer Feta (9,5 % Fett i. d. Tr.), Oliven
ca. 200	Kondensmilch (4 % Fett), Frischkäse (20 % Fett i. d. Tr.), Hüttenkäse
ca. 240	Gouda (30 % Fett i. d. Tr.), Butterkäse (30 % Fett i. d. Tr.), Mini-Mozzarella (18,5 % Fett i. d. Tr.), Ziegenweichkäse (40 % Fett i. d. Tr.)
ca. 290	Feta (24 % Fett i. d. Tr.), Crème fraîche (30 % Fett), Sahne (30 % Fett)
ca. 360	Bergkäse (45 % Fett i. d. Tr.), Roquefort, Raclettekäse (45 % Fett i. d. Tr.)
ca. 385	Mascarpone, Schmand (24 % Fett), Parmesan (40 % Fett i. d. Tr.)

Vermischtes

ca. 430	Leinsamen, Pesto, gewürzte Croûtons
ca. 585	Mandeln, Pistazienkerne, Cashewnusskerne, Erdnüsse
ca. 600	Kürbiskerne, Sesamsamen, Haselnusskerne
ca. 730	Walnusskerne, Butter
ca. 885	Kürbiskernöl, Olivenöl, Rapsöl

FRÜHLING

erdbeeren
rhabarber

artischocken
babylauch
bundmöhren
champignons
frühlingszwiebeln
kohlrabi
mairübchen
mangold
pflücksalat

bärlauch
borretsch
brennnessel
dill
gartenkresse
giersch
holunderblüten
kerbel

radieschen
romanesco
rucola
spargel, grün
spargel, weiß
spinat
spitzkohl
zuckerschoten

koriandergrün
liebstöckel
löwenzahn
lorbeer
majoran
petersilie
portulak
rosmarin
salbei
sauerampfer
schnittlauch
thymian
waldmeister
zitronenmelisse
zitronenthymian

DETOX MIT SPARGEL

Für 1 Portion: 8 dünne Stangen Spargel schälen, die holzigen Enden entfernen und die Stangen klein schneiden. 8–10 Erdbeeren waschen und putzen. 4–8 junge, zarte Löwenzahnblätter entstielen und waschen. Alle Zutaten in einem Mixer fein pürieren und mit Wasser auf Trinkstärke verdünnen. Je mehr Löwenzahn, desto höher ist der Anteil an Bitterstoffen und desto stärker der Detox-Effekt. Spargel regt die Darmflora an.

60 kcal, 4 g EW, 1 g F, 8 g KH

SMOOTHIES

SIE SIND ROHKOST PUR UND DESHALB SO GESUND. DURCH DEN MIXVORGANG WERDEN DIE VITALSTOFFE FEIN AUFGESCHLOSSEN UND KÖNNEN SCHNELL VOM KÖRPER AUFGENOMMEN WERDEN. SMOOTHIES SOLLTE MAN AM BESTEN FRISCH GENIESSEN, IN EINEM THERMOSBECHER KANN MAN SIE ABER AUCH ZUM ARBEITSPLATZ MITNEHMEN.

GURKE GEGEN HEISSHUNGER

Für 1 Portion: 150 g Gurke mit Schale waschen und grob würfeln. 2 Stiele Dill (oder Vogelmiere aus dem Garten) waschen und hacken. Gurke und Dill zusammen mit 50 g Avocado in den Mixer geben und fein pürieren. Mit etwas Salz und Pfeffer würzen und nach Belieben mit Wasser auf Trinkstärke verdünnen. Avocado sorgt für Sättigung, Gurke wirkt gegen Übersäuerung mit viel Kalium und Magnesium.

85 kcal, 2 g EW, 7 g F, 5 g KH

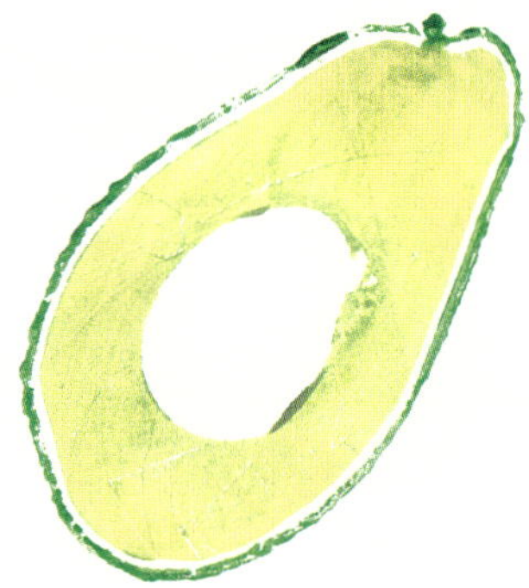

CHILI GEGEN DURCHHÄNGER

Der Zucker in der Ananas macht fit, Chili kitzelt uns wach. Für 1 Portion: 150 g geschälte frische Ananas mit Strunk in Stücke schneiden. 2 Handvoll Brennnessel- und Kohlrabiblätter waschen und hacken. ½ Chilischote längs aufschneiden, entkernen, waschen und fein hacken. Alle Zutaten im Mixer pürieren, mit Wasser nach Belieben verdünnen. Statt Brennnesseln passt auch frischer Spinat, Rucola oder Giersch.

90 kcal, 2 g EW, 0 g F, 19 g KH

HILFT GEGEN SÜSSHUNGER

Für 2 Tassen: 1 Handvoll Spargelschalen mit 500 ml Wasser 10 Min. köcheln lassen, vom Herd nehmen; 1 getrocknetes Steviablatt (Reformhaus), 1 Handvoll Holunderblüten oder Brennnesselblätter zugeben und den Tee 8 Min. ziehen lassen, anschließend durch ein Sieb gießen. Tipp: Alternativ vom Dämpfen oder Kochen übrig gebliebene, ungesalzene Spargelbrühe verwenden.

TEES

BEI EINER DIÄT KÖNNEN SÜSSHUNGER, MÜDIGKEIT UND SCHLAFPROBLEME AUFTRETEN. DIESE TEES HELFEN, DAMIT FERTIGZUWERDEN. SIE WIRKEN MIT FRISCHEN ZUTATEN AM BESTEN – UND DIE GIBT ES JETZT IM FRÜHLING SATT. WENN FRISCHES NICHT VERFÜGBAR IST, KÖNNEN SIE AUCH GETROCKNETE KRÄUTER AUS DER APOTHEKE VERWENDEN. DANN NUR EIN VIERTEL DER MENGE NEHMEN!

MACHT FIT UND WACH

Für 2 Tassen: 4 Birkenblätter grob hacken. 1 Stück Ingwer (ca. 2 cm) schälen und durch die Knoblauchpresse drücken. Beides mit 500 ml Wasser aufkochen und 5 Min. köcheln lassen. Den Tee durch ein Sieb abgießen. Tipp: Wem der Ingwer zu scharf ist, gibt ihn erst nach dem Kochen hinzu. Auch erkaltet ist das Ingweraroma nicht mehr ganz so intensiv, der Tee schmeckt milder.

ENTSPANNT UND BERUHIGT

Für 2 Tassen: ½ TL Anissamen mit dem Mörser oder der Klinge eines breiten Messers anstoßen. 1 Handvoll Basilikumblätter zugeben, mit 500 ml kochendem Wasser überbrühen und den Tee 10 Min. ziehen lassen. Tipp: Durch das Anstoßen der Samen entfalten sich die ätherischen Öle besonders gut und können besser ins Teewasser übergehen.

Frühlings-Frischkornmüsli

Reich an Eisen und Folsäure

ZUTATEN FÜR 1 PORTION
1 Bio-Orange
4 EL Haferflocken
1 EL Sesamsamen
1 Prise Ceylonzimtpulver
einige Erdbeeren (oder Physalis)
einige Stiele Frühlingskräuter (z. B. Brennnesselspitzen, Giersch, Pimpinelle, Kerbel, Kresse)
2–3 EL Magerquark

ZUBEREITUNG 10 Min. | Einweichen 6 Std. (oder über Nacht)
Ca. 280 kcal, 15 g EW, 8 g F, 36 g KH

1 Am Vortag die Orange heiß waschen und abtrocknen. Die Schale fein abreiben und den Saft auspressen. Saft und Schale mit Haferflocken, Sesamsamen und Zimtpulver mischen und im Kühlschrank 6 Std. (oder über Nacht) ziehen lassen.

2 Am nächsten Tag die Beeren waschen, putzen und klein schneiden. Die Kräuter waschen und trocken schütteln.

3 Den Quark mit dem Müsli verrühren und die Früchte unterheben. Die Kräuter mit der Küchenschere dazuschneiden.

SCHLANK-TIPP Haferflocken sind besonders mild und die darin enthaltenen Ballaststoffe, die Glucane, sorgen für eine gesunde Darmflora. Außerdem enthält Hafer viel gesundes Fett und reichlich Eisen. Eine Alternative ist Weizen- oder Dinkelschrot. Zimt regt die Verdauung an. Brennnesselspitzen im Müsli helfen beim Entschlacken. Das ideale Getränk zum Müsli ist der Wachmacher Tee des Frühlings mit Ingwer und jungen Birkenblättern (siehe S. 27).

VARIANTE Statt Orange passt auch 1 geraspelter Apfel dazu – die Flocken mit 150 g Naturjoghurt (1,5 % Fett) einweichen und den Quark weglassen. Müslimuffel können auch 2 Scheiben Frühlingsbrot mit einem der köstlichen Aufstriche frühstücken. Wer keine Zeit hat selber einen Brotaufstrich zu machen, belegt 1 Scheibe Frühlingsbrot mit 1–2 EL Quark oder 1 TL Butter und 1 TL Fruchtaufstrich. Oder pikant mit 2 EL Hüttenkäse und Radieschen. Oder mit 1 TL Butter und 1 Scheibe Putenschinken oder Käse. Dazu gibt's 1 Orange, ½ Grapefruit oder 1 Apfel.

WEIZEN-WUNDERBROT

HOHE BIOLOGISCHE EIWEISSWERTIGKEIT

ZUTATEN FÜR 1 KASTENFORM (11 × 30 CM, 25 SCHEIBEN)

150 g Weizenkörner
abgeriebene Schale von 1 Bio-Zitrone
400 ml Naturmolke (zimmerwarm; oder Buttermilch)
1 Würfel Hefe (42 g)
2 EL Rohrzucker
500 g Vollkorn-Dinkelmehl
250 g Magerquark (zimmerwarm)
2 Bund Petersilie (oder andere, auch wilde, Frühlingskräuter)
2 TL Salz
Mehl zum Arbeiten
Fett und Mehl für die Form

ZUBEREITUNG 75 Min. | Keimen 2–3 Tage
PRO SCHEIBE: 110 kcal
6 g EW, 1 g F, 20 g KH

1 Weizenkörner mit Zitronenschale und 300 ml Wasser ca. 10 Std. einweichen. Dann durch ein Sieb abgießen, kalt abspülen und im Sieb an einem hellen, warmen Ort keimen lassen. 1- bis 2-mal pro Tag abspülen. Nach 2–3 Tagen zeigen sich grüne Spitzen. Jetzt den Weizen verarbeiten oder warten, bis die Keime ca. 2 cm lang sind.

2 100 ml Molke erwärmen. Hefe und Zucker darin auflösen und 15 Min. ruhen lassen. Den Ansatz mit Mehl, restlicher Molke und Quark zu einem formbaren Teig verkneten. Den Teig mit Mehl bestäuben und zugedeckt an einem warmen Ort ca. 1 Std. gehen lassen.

3 Die Kräuter waschen und samt Stielen fein hacken. Mit Salz und den gekeimten Weizenkörnern unter den Teig kneten. Die Form einfetten und mit Mehl bestreuen. Den Teig einfüllen und nochmals ca. 30 Min. gehen lassen.

4 Die Form im Backofen (Mitte) bei 180° (Umluft, ohne Vorheizen) ca. 40 Min. backen. Danach den Ofen abschalten und das Brot in ca. 20 Min. in der Resthitze fertig backen. Aus dem Ofen nehmen und 10 Min. ruhen lassen, dann auf ein Kuchengitter stürzen.

PRAXIS-TIPP Je länger Sie die Körner keimen lassen, desto höher ist der Anteil an gesundem grünem Weizengras. Aber bereits die weißen Keime lassen den Vitamin- und Mineralstoffgehalt steigen. Zum Keimen reichen eine Glasschale und ein feines, großes Sieb zum Spülen. Das regelmäßige Spülen verhindert die Schimmelbildung. Wen die kleinen Weizengräser im Brot stören, mischt die Körner gehackt unter den Teig. Das Brot hält sich 5 Tage.

SCHLANK-TIPP Weizen und Dinkel enthalten von allen Getreidesorten das Eiweiß mit der höchsten Wertigkeit. Ergänzt wird es hier durch Milcheiweiß in Quark und Molke: der perfekte Sattmacher. Durch das Keimen wird das Korn leichter verdaulich.

BRENNNESSEL-KICHERERBSEN-CREME

ZUTATEN FÜR 6 PORTIONEN

75 g getrocknete Kichererbsen
3 Handvoll Brennnesselblätter
4–5 Bärlauchblätter (oder 1 Knoblauchzehe)
2 EL Olivenöl
Salz, Pfeffer

ZUBEREITUNG 15 Min.
Einweichen über Nacht
PRO PORTION 50 kcal
1 g EW, 4 g F, 3 g KH

1 Am Vortag die Kichererbsen mit Wasser bedecken und über Nacht einweichen. Am nächsten Tag in ein Sieb abgießen und abbrausen. Kichererbsen in einem Topf mit frischem Wasser bedecken, aufkochen und in 30–40 Min. garen. Dann abgießen und abtropfen lassen.

2 Brennnessel und Bärlauch waschen, trocken schütteln und hacken oder den Knoblauch schälen. Mit Kichererbsen, Öl und 50–100 ml Wasser fein pürieren. Mit Salz und Pfeffer würzen.

SCHLANK-TIPP Kichererbsen sind reich an Eiweiß und Ballaststoffen – das hilft beim Abnehmen! Brennnesseln sind reich an Eisen.

PRAXIS-TIPP Sie können auch 150 g Kichererbsen aus der Dose (bereits gegart) verwenden.

SAUERAMPFER-ZITRONEN-QUARK

ZUTATEN FÜR 4 PORTIONEN

1 Handvoll Sauerampfer
½ Bio-Zitrone
150 g Magerquark
1 EL Rapsöl
Salz, Pfeffer

ZUBEREITUNG 15 Min.
PRO PORTION 50 kcal
5 g EW, 3 g F, 2 g KH

1 Den Sauerampfer waschen, trocken schütteln und in feine Streifen schneiden.

2 Die Zitronenhälfte heiß waschen und abtrocknen, die Schale dünn abreiben und den Saft auspressen. Beides mit Magerquark und Öl vermischen.

3 Den Sauerampfer unterrühren und den Quark mit Salz und Pfeffer abschmecken.

SCHLANK-TIPP Viel Eiweiß und gesundes Fett machen satt! Vitamin C und Fruchtsäuren machen munter.

VARIANTE Statt Sauerampfer passen Schnittlauch, Pimpinelle oder Kresse dazu.

SPARGEL-FRISCHKÄSE

ZUTATEN FÜR 4 PORTIONEN
70 g weiße oder grüne Spargelspitzen
160 g fettarmer Frischkäse (20 % Fett i. Tr. bzw. 6 % Fett absolut)
1 Prise Rohrzucker
Salz, Pfeffer
½ TL gemahlener Koriander

ZUBEREITUNG 25 Min.
PRO PORTION 50 kcal
5 g EW, 2 g Fett, 3 g KH

1 Die Spargelspitzen waschen und im Blitzhacker zerkleinern.

2 Frischkäse und Spargel verrühren. Die Masse mit Rohrzucker, Salz, Pfeffer und gemahlenem Koriander würzen.

SCHLANK-TIPP Spargel entwässert und ist reich an Folsäure, die erhalten bleibt, wenn man ihn roh isst. Koriander regt die Darmbewegung an. Wer den Spargel-Frischkäse als Dip für Gemüsesticks verwenden möchte, püriert noch ein paar Spitzen extra mit – so wird der Dip flüssiger.

ERDBEER-COUSCOUS-MANDELCREME

ZUTATEN FÜR 8 PORTIONEN
200 g Erdbeeren
1 Stück Vanilleschote (ca. 2 cm, oder 1 Msp. gemahlene Vanille)
1 TL Rohrzucker
2–3 getrocknete Steviablätter (Reformhaus)
50 g Instant-Couscous
1 EL Mandelmus

ZUBEREITUNG 15 Min.
PRO PORTION 50 kcal
1 g EW, 2 g F, 7 g KH

1 Die Erdbeeren waschen und putzen. Die Vanilleschote längs aufschlitzen und das Mark herauskratzen. Die Erdbeeren mit Zucker, Stevia und Vanillemark pürieren.

2 Den Couscous unter das Erdbeerpüree rühren und ca. 10 Min. quellen lassen. Das Mandelmus untermischen. Alles nochmal fein pürieren und kalt stellen.

SCHLANK-TIPP Süßer Aufstrich, der durch Mandeln und Weizen lange satt macht. Die leichte Süße kommt von Stevia. Der fruchtige Aufstrich schmeckt am besten belegt mit frischen Erdbeeren.
VARIANTEN Für die Creme können Sie auch Himbeeren oder Blaubeeren verwenden.

FRÜHLINGS-WUNDERSUPPE

REICH AN BIOAKTIVSTOFFEN

ZUTATEN FÜR 4 PORTIONEN
2–3 Bund Radieschenblätter (die Radieschen für die Radieschenstippe; siehe S. 45, verwenden)
1 Bund Frühlingszwiebeln
1 Handvoll Kräuter (z. B. Brennnessel, Giersch, Sauerampfer, Kresse, Petersilie, Vogelmiere)
100 g ungeschälte Mandeln
2 EL Olivenöl
1 l Gemüsebrühe
½ TL Johannisbrotkernmehl (Reformhaus)
4 hart gekochte Eier
Salz, weißer Pfeffer
100 g Sahne

ZUBEREITUNG 1 Std.
PRO PORTION 380 kcal
14 g EW, 32 g F, 9 g KH

1 Radieschengrün waschen, trocken schütteln und grob hacken. Die Frühlingszwiebeln putzen, waschen und in feine Ringe schneiden. Die Kräuter waschen, trocken schütteln und hacken.

2 Mandeln grob hacken. Öl in einer Pfanne erhitzen, die Mandeln darin kurz anrösten. Frühlingszwiebeln zugeben und bei kleiner Hitze glasig dünsten. Radieschengrün zufügen und kurz mitdünsten, bis es zusammenfällt. 500 ml Brühe angießen. Alles zugedeckt ca. 8 Min. köcheln lassen.

3 Johannisbrotkernmehl mit 200 ml Brühe anrühren und ca. 2 Min. quellen lassen. Dann unter die Suppe rühren und alles weitere 2 Min. köcheln lassen.

4 Die Eier pellen und würfeln, zusammen mit den Kräutern in die Suppe geben und mit dem Pürierstab oder im Mixer fein pürieren. Die Suppe mit 300 ml Gemüsebrühe verdünnen und mit Salz und Pfeffer abschmecken.

5 Die Sahne steif schlagen und unterziehen. Die Suppe hält sich abgedeckt im Kühlschrank 3–4 Tage und schmeckt auch kalt.

SCHLANK-TIPP Ungeschälte Mandeln sorgen für Ballaststoffe und mit den Eiern für reichlich Eiweiß – so macht die Suppe lange satt und regt den Stoffwechsel an.

VARIANTE Statt der Radieschenblätter können Sie auch Rübstiel nehmen, den es vorwiegend am Niederrhein gibt. Auch das Grün von Rote Bete, Rettich oder Rübchen sind geeignet. Und Blattspinat funktioniert ebenfalls, schmeckt aber etwas anders.
Wer keine Eier mag, nimmt stattdessen 250 g Sahnequark und 1 EL Olivenöl mehr. Ebenfalls lecker: mehr Blattgemüse, etwas mehr Flüssigkeit und die doppelte Menge Johannisbrotkernmehl verwenden, dann 200 g gewürfeltes rohes Lachsfilet einmal in der Suppe aufkochen lassen.

SPARGEL HAT VIEL GESCHMACK – UND KAUM KALORIEN! SEIN HOHER KALIUMGEHALT ENTWÄSSERT UND SEINE BALLASTSTOFFE – SOGENANNTE RESISTENTE STÄRKEN – SORGEN FÜR SÄTTIGUNG UND EINE GESUNDE DARMFLORA. EIN DETOX-WUNDER! BASILIKUM UND KORIANDER REGEN ZUSÄTZLICH DIE VERDAUUNG AN UND SIND GLEICHZEITIG BALSAM FÜR DIE NERVEN.

SPARGELRAGOUT

ZUTATEN FÜR 2 PORTIONEN
600 g neue Kartoffeln
1 kg weißer Spargel (auch Bruchspargel)
Salz
1 Msp. Johannisbrotkernmehl (Reformhaus)
200 g fettarmer Frischkäse oder Kräuter-Frischkäse (20 % F. i. Tr. bzw. 6 % Fett absolut)
Pfeffer
frisch geriebene Muskatnuss
1 Handvoll Basilikum

ZUBEREITUNG 35 Min.
PRO PORTION 420 kcal
30 g EW, 6 g F, 61 g KH

1 Die Kartoffeln waschen, mit wenig Wasser in einen Topf geben und in 25 Min. garen.

2 Den Spargel waschen, schälen (die Schale für Süßhungertee, siehe S. 27, aufbewahren) und die Enden abschneiden. Spargel in mundgerechte Stücke schneiden. Ca. 200 ml Wasser mit 1 Prise Salz aufkochen und die Spargelstücke darin in ca. 10 Min. bissfest garen.

3 Drei Viertel der Spargelstücke mit einem Schaumlöffel aus dem Sud heben. Restlichen Spargel weitere 5 Min. garen.

4 Johannisbrotkernmehl unterrühren, dann Spargel und Kochwasser pürieren und noch 1–2 Min. köcheln lassen. Den Frischkäse unterrühren. Das Ragout mit Salz, Pfeffer und Muskat würzen.

5 Den übrigen Spargel in der Sauce heiß werden lassen. Das Basilikum waschen, trocken schütteln, grob zerzupfen und dazugeben. Die Kartoffeln nach Belieben mit oder ohne Schale mit dem Ragout servieren.

PRAXIS-TIPP **Kochen Sie den Spargel für den Salat gleich mit – das spart Energie und Zeit.**

SPARGELSALAT

ZUTATEN FÜR 2 PORTIONEN
2 Eier
1 kleiner Römersalat
500 g gekochter weißer Spargel
1 EL Dijon-Senf
2 EL Olivenöl
2 EL Weißweinessig
3–4 EL Spargelkochwasser
Salz, Pfeffer
gemahlener Koriander
100 g gekochter Schinken (oder 20 g Kürbiskerne)
2 Scheiben Weizen-Wunderbrot (siehe S. 30)

ZUBEREITUNG 15 Min.
PRO PORTION 405 kcal
30 g EW, 21 g F, 24 g KH

1 Die Eier in kochendem Wasser in ca. 7 Min. hart kochen. Dann die Eier mit kaltem Wasser abschrecken und pellen. Den Salat putzen, waschen und trocken schleudern. Spargel und Salat in mundgerechte Stücke teilen.

2 Aus Senf, Öl, Essig und Spargelkochwasser ein Dressing rühren, mit Salz, Pfeffer und Koriander würzen. Evtl. Fettrand vom Schinken entfernen, Schinken würfeln oder Kürbiskerne hacken. Schinken oder Kürbiskerne unter das Dressing mischen.

3 Spargel und Salat mischen und mit dem Dressing beträufeln. Die Eier vierteln und daraufsetzen. Mit je 1 Scheibe Weizen-Wunderbrot oder anderem Brot servieren.

PRAXIS-TIPP **Zum Mitnehmen ins Büro den Spargel mit Dressing vermengen, den Salat obenauf packen und die Eier extra transportieren. Erst kurz vor dem Essen mischen.**

SPINAT IST EIN WAHRES MINERALSTOFF-WUNDER. ER ENTHÄLT REICHLICH KALIUM, KALZIUM, EISEN UND FLUOR – WICHTIGE NÄHRSTOFFE FÜR KNOCHEN UND ZÄHNE, NERVEN- UND MUSKELAKTIVITÄT, BLUTBILDUNG UND IMMUNREAKTIONEN. KALIUM REGULIERT ZUDEM DEN WASSERHAUSHALT DER ZELLEN. **ERDNÜSSE** LIEFERN GUTE FETTSÄUREN WIE LINOLSÄURE, REICHLICH VITAMIN B_1 UND MAGNESIUM FÜR DIE NERVEN. **CHILI** KURBELT DEN STOFFWECHSEL KRÄFTIG AN UND **FRÜHLINGSZWIEBELN** FÖRDERN DIE VERDAUUNG, SENKEN BLUTDRUCK UND BLUTFETTE. MIE-NUDELN SIND REICH AN RESISTENTER STÄRKE, DIE ALS BALLASTSTOFF DER DARMFLORA GUTTUT.

SPINATPFANNE

ZUTATEN FÜR 2 PORTIONEN
100 g Mie-Nudeln
Salz
350 g Blattspinat
1 Handvoll Koriandergrün
20 g gesalzene Erdnüsse
1 rote Chilischote
1 Knoblauchzehe
200 g Hähnchenbrustfilet ohne Haut
1 EL Rapsöl
1–2 EL Sojasauce

ZUBEREITUNG 45 Min.
PRO PORTION 410 kcal
37 g EW, 12 g F, 37 g KH

1 Die Nudeln nach Packungsangabe in kochendem Salzwasser bissfest kochen.

2 Inzwischen den Spinat waschen, verlesen und abtropfen lassen. Dicke Stiele entfernen, sehr große Blätter klein zupfen. Koriandergrün waschen und trocken schütteln. Koriander mit Stielen und Erdnüsse hacken. Chilischote längs aufschlitzen, entkernen, waschen und in feine Streifen schneiden. Den Knoblauch schälen und fein hacken.

3 Das Hähnchenbrustfilet quer zur Faser in schmale Streifen schneiden. Das Öl in einer hohen beschichteten Pfanne oder einem Wok erhitzen, die Hähnchenbrust darin in 3–4 Min. auf jeder Seite braun anbraten, dabei leicht salzen. Dann Chili, Knoblauch und Spinat zugeben und unter Rühren den Spinat zusammenfallen lassen.

4 Die Nudeln abtropfen lassen, zugeben und alles mit Sojasauce kräftig abschmecken. Mit Koriander und Erdnüssen bestreuen und servieren.

VARIANTE Statt Chili 1 Stück (ca. 3 cm) geschälten, fein gehackten Ingwer verwenden. Fixer geht es mit 200 g aufgetautem TK-Blattspinat.
PRAXISTIPP Die Nudeln für den Salat gleich mitkochen.

SPINAT-NUDEL-SALAT

ZUTATEN FÜR 2 PORTIONEN
150–200 g junger Blattspinat
2 Frühlingszwiebeln
100 g fettarmer Feta (ca. 9 % Fett absolut)
2 EL Olivenöl
2 EL Aceto balsamico
Salz, Pfeffer
225 g gegarte Mie-Nudeln (Rohgewicht: 100 g)

ZUBEREITUNG 25 Min.
PRO PORTION 380 kcal
21 g EW, 16 g F, 38 g KH

1 Den Spinat waschen, verlesen und abtropfen lassen. Dicke Stiele entfernen und große Blätter in Streifen schneiden. Die Frühlingszwiebeln putzen, waschen und in feine Ringe schneiden.

2 Den Feta abtropfen lassen und würfeln. Aus Öl, Essig, Salz und Pfeffer ein Dressing rühren. Die abgekühlten Nudeln mit Gemüse und Feta mischen, das Dressing unterziehen und den Salat ca. 5 Min. gut durchziehen lassen. Vor dem Servieren noch einmal mit Salz und Pfeffer abschmecken.

PRAXIS-TIPP Statt jungem Blattspinat eignen sich auch Rucola, Sauerampfer, Feldsalat, Giersch, Pflücksalat, Rote-Bete- oder Radieschenblätter.

PETERSILIE IST HARNTREIBEND UND ENTZÜNDUNGSHEMMEND. DIE ROHEN BLÄTTER BEKÄMPFEN SCHLECHTEN ATEM. **SCHNITTLAUCH** WIRKT DESINFIZIEREND UND REGT DIE VERDAUUNG AN. HÜTTENKÄSE UND EIER LIEFERN WERTVOLLES EIWEISS. DAS MACHT LANGE SATT UND HILFT, WÄHREND EINER DIÄT DIE MUSKELMASSE ZU ERHALTEN. **KARTOFFELN** ERGÄNZEN DIESES EIWEISS UND ENTHALTEN GEKOCHT KOMPLEXE KOHLENHYDRATE. DIESE LANGKETTIGEN STÄRKEBAUSTEINE LASSEN DEN BLUTZUCKERSPIEGEL NUR SEHR LANGSAM ANSTEIGEN, WAS HEISSHUNGERATTACKEN VORBEUGT.

KRÄUTERGRATIN

ZUTATEN FÜR 2 PORTIONEN
300 g Kartoffeln
(oder Pellkartoffeln vom Vortag)
200 g weißer Spargel
200 g Zuckerschoten
½ Gurke
1 Bund Petersilie
1 Bund Schnittlauch
500 g Hüttenkäse
3 Eier
Salz, Pfeffer
frisch geriebene Muskatnuss
1 ½ TL weiche Butter

ZUBEREITUNG 1 Std.
PRO PORTION
(ohne Kräuterkäse) 410 kcal,
30 g EW, 12 g F, 42 g KH

1 Kartoffeln waschen und mit Schale in wenig Wasser in 25 Min. garen, dann kalt abschrecken und pellen.

2 Spargel waschen, schälen und die Enden abschneiden. Zuckerschoten waschen und beides schräg in schmale Stücke schneiden. Gurke schälen, längs halbieren, die Kerne herauslösen und zur Seite stellen. Die Gurkenhälften in dünne Scheiben schneiden. Die Kräuter waschen und trocken schütteln. Petersilie hacken und Schnittlauch in Röllchen schneiden.

3 Kartoffeln in etwa 2 cm große Würfel schneiden, mit Gemüse mischen, salzen und pfeffern und in eine Auflaufform (30 × 22 cm) geben.

4 Hüttenkäse mit Eiern und Kräutern mischen, mit Salz, Pfeffer und Muskat kräftig würzen. Eine kleine Souffléform (15 × 11 cm) mit ½ TL Butter einfetten. Die Hälfte der Käse-Eier-Masse hineingießen. Die andere Hälfte mit den Gurkenkernen pürieren und über den Auflauf gießen. Beide Formen im Ofen (Mitte) bei 160° (Umluft, ohne Vorheizen) in ca. 40 Min. stocken lassen.

5 Den Auflauf nach dem Backen mit 1 TL Butter bestreichen und sofort genießen. Den Kräuterkäse in der Souffléform abkühlen lassen und als kalte Mahlzeit servieren (siehe unten).

KRÄUTERKÄSE

ZUTATEN FÜR 2 PORTIONEN
200 g Pflücksalat
1 Handvoll Schnittlauch
und Petersilienstiele
2 EL Olivenöl
2 EL Weißweinessig
2 TL Dijon-Senf
Salz, Pfeffer
2–3 EL zubereitete Gemüsebrühe
1 Rezept Kräuterkäse
(siehe Kräutergratin)
2 Scheiben Weizen-Wunderbrot
(siehe S. 30)

ZUBEREITUNG 15 Min.
PRO PORTION 430 kcal
26 g EW, 25 g F, 23 g KH

1 Den Salat waschen und trocken schleudern. Schnittlauch und Petersilie waschen und trocken schütteln. Petersilie fein hacken und Schnittlauch in Röllchen schneiden.

2 Aus Öl, Essig, Senf, Kräutern, Salz und Pfeffer ein Dressing rühren. Nach Bedarf mit etwas Brühe verlängern. Den Salat mit dem Dressing beträufeln.

3 Den Kräuterkäse aus der Form stürzen, in Scheiben schneiden und mit Salat und Weizen-Wunderbrot oder anderem Brot anrichten.

PRAXIS-TIPP **Soll der Salat mit ins Büro, das Dressing erst kurz vor dem Servieren über den Salat gießen, da die zarten Blätter schnell zusammenfallen. Den Kräuterkäse können Sie auch würfeln und über den Salat streuen.**

LÖWENZAHN IST DURCH TARAXACIN EIN RICHTIGER BITTERLING, DER LEBER, GALLE UND NIEREN ANREGT, ENTGIFTET UND ENTWÄSSERT – ALSO IDEAL FÜR DIE FRÜHJAHRSKUR. DANEBEN ENTHÄLT ER REICHLICH BIOAKTIVSTOFFE. BETA-GERSTE (ALS »GERSTE WIE REIS« ERHÄLTLICH) IST EINE NEUE ZÜCHTUNG, DIE SEHR VIEL MEHR BALLASTSTOFFE (β-GLUCANE) ENTHÄLT, ALS NORMALE GERSTE ODER GAR REIS ODER WEIZEN. DESHALB MACHT SIE SATT, STÄRKT DIE ABWEHRKRÄFTE UND SENKT DEN CHOLESTERINSPIEGEL – EIN WAHRES WUNDERKORN. SIE SCHMECKT MILD UND ERGIBT EIN CREMIGES RISOTTO.

GERSTEN-RISOTTO MIT LÖWENZAHN

ZUTATEN FÜR 2 PORTIONEN
1 Bund Frühlingszwiebeln
1 EL Rapsöl oder Butter
120 g Gerste wie Reis
(oder Schnellkochdinkel)
300 ml Gemüsebrühe
Salz, Pfeffer
70 g Löwenzahnblätter
50 g Parmesan
2 EL Joghurt (1,5 % Fett)
Löwenzahnblüten (nach Belieben)

ZUBEREITUNG 40 Min.
PRO PORTION 410 kcal
18 g EW, 15 g F, 51 g KH

1 Frühlingszwiebeln waschen, putzen und in feine Ringe schneiden. Öl oder Butter in einem Topf erhitzen, die Frühlingszwiebeln darin 1 Min. andünsten. Die Gerste zufügen und unter Rühren kurz anschwitzen. Mit Brühe ablöschen und zugedeckt bei kleiner Hitze 25 Min. quellen lassen, dann mit Salz und Pfeffer abschmecken.

2 Inzwischen den Löwenzahn waschen, trocken schütteln und grob hacken. Den Parmesan reiben.

3 Löwenzahn, Joghurt und Parmesan unter das Risotto heben und das Risotto mit Salz und Pfeffer würzen.

4 Nach Belieben die Löwenzahnblütenblättchen abzupfen und über das Risotto streuen.

PRAXIS-TIPP **Gerste wie Reis für den Sushi-Salat gleich mitkochen!**

VARIANTE **Statt Löwenzahn Rucola oder Chicorée verwenden.**

SUSHI-SALAT

ZUTATEN FÜR 2 PORTIONEN
1 Bund Frühlingszwiebeln
1 EL Rapsöl oder Butter
120 g Gerste wie Reis
(oder Schnellkochdinkel)
300 ml Gemüsebrühe
Salz, Pfeffer
100 g Löwenzahnblätter
½ Bio-Zitrone
1–2 TL Wasabipaste
100 g Räucherlachs

ZUBEREITUNG 45 Min.
PRO PORTION 400 kcal
19 g EW, 13 g F, 50 g KH

1 Frühlingszwiebeln waschen, putzen und in feine Ringe schneiden. Öl oder Butter in einem Topf erhitzen, die Frühlingszwiebeln darin 1 Min. andünsten. Die Gerste zufügen und unter Rühren kurz anschwitzen. Mit Brühe ablöschen und zugedeckt bei kleiner Hitze 25 Min. quellen lassen, mit Salz und Pfeffer abschmecken. Dann abkühlen lassen.

2 Den Löwenzahn waschen, trocken schütteln und grob hacken.

3 Die Zitronenhälfte heiß waschen und abtrocknen. Die Schale abreiben und den Saft auspressen. Beides mit Wasabipaste verrühren und über die abgekühlte Gerste gießen.

4 Den Lachs in Streifen schneiden und zusammen mit den Löwenzahnblättern unter die Gerste mischen.

VARIANTE **Wie beim Gersten-Risotto können Sie auch hier Löwenzahn durch Rucola oder Chicorée ersetzen.**

RADIESCHEN REGEN DURCH IHRE SENFÖLE UND ANDERE BIOAKTIVE SUBSTANZEN GALLE UND NIEREN AN, MACHEN EINEN KLAREN KOPF UND KLÄREN DIE ATEMWEGE. DARUM DÜRFEN SIE IN KEINER FRÜHJAHRSKUR FEHLEN! DIE FRISCHEN BLÄTTER SIND REICH AN VITAMIN C UND CHLOROPHYLL UND EINE WÜRZIGE ÜBERRASCHUNG. DAZU KOMMT MAGERES EIWEISS IN FISCH UND FETA. FÜR SÄTTIGUNG SORGT EIWEISS- UND BALLASTSTOFFREICHER WEIZEN ALS BULGUR ODER IM BROT.

FISCH IN RADIESCHEN-BLÄTTERSAUCE MIT BULGUR

ZUTATEN FÜR 2 PORTIONEN
100 g Bulgur
Salz
1 Zwiebel
1 Bund Radieschen mit Grün
1 EL Rapsöl
2 EL Crème légère mit Kräutern
100 ml Gemüsebrühe
Pfeffer
250 g weißes Fischfilet
(z. B. Alaskaseelachs)

ZUBEREITUNG 40 Min.
PRO PORTION 400 kcal
32 g EW, 12 g Fett, 40 g KH

1 Den Bulgur in einen Topf geben, mit 250 ml Salzwasser aufkochen, vom Herd nehmen und 15–20 Min. quellen lassen.

2 Inzwischen die Zwiebel schälen und fein würfeln. Das Radieschengrün abschneiden, waschen, trocken schütteln und hacken. Die Radieschen waschen, putzen und achteln.

3 Das Öl in einer Pfanne erhitzen, die Zwiebeln darin glasig dünsten. Radieschenblätter dazugeben und zusammenfallen lassen. Crème légère unterrühren und die Brühe angießen. Die Sauce in einen Mixer geben und fein pürieren, mit etwas Salz und Pfeffer würzen.

4 Den Fisch in kleine Stücke schneiden. Von beiden Seiten mit etwas Salz und Pfeffer würzen. Die Sauce zurück in die Pfanne geben, den Fisch obenauf legen und zugedeckt in ca. 8 Min. gar ziehen lassen.

5 Die Radieschenachtel zum Bulgur in den Topf geben, kurz erwärmen und mit Fisch und Sauce servieren.

VARIANTE **Sie können statt Bulgur auch Couscous oder Gerste wie Reis als Beilage zubereiten.**
PRAXIS-TIPP **Radieschengrün immer sofort von den Radieschen schneiden und beides in einer dicht schließenden Plastikbox bis zur Verarbeitung im Kühlschrank aufbewahren. So bleibt beides knackig.**

RADIESCHENSTIPPE

ZUTATEN FÜR 2 PORTIONEN
1 Bund Radieschen
200 g fettarmer Feta
(ca. 9 % Fett absolut)
Salz, Pfeffer
600 g gemischtes Gemüse zum Rohessen (z. B. Möhren, Kohlrabi, Spargel, Gurke)
3 Scheiben Weizen-Wunderbrot
(siehe S. 30)

ZUBEREITUNG 25 Min.
PRO PORTION 420 kcal
33 g EW, 10 g F, 46 g KH

1 Das Radieschengrün abschneiden und für die Zubereitung der Frühlings-Wundersuppe (siehe S. 34) verwenden. Die Radieschen waschen, putzen und vierteln. Den Feta abtropfen lassen und würfeln. Radieschen und Feta fein pürieren. Das Püree mit wenig Salz und Pfeffer würzen.

2 Das Gemüse waschen, nach Bedarf putzen oder schälen und in fingerdicke Streifen schneiden.

3 Die Radieschenstippe mit Gemüsesticks und 1 ½ Scheiben Weizen-Wunderbrot oder anderem Brot pro Person servieren.

VARIANTE **Statt Brot schmecken auch 400 g Pellkartoffeln dazu.**

MÖHREN SIND DANK KAROTIN UND VITAMIN C WAHRE ZELLSCHUTZ-KÜNSTLER. GEGART IST DAS KAROTIN BESSER VERWERTBAR, ROH BLEIBEN VITAMIN C UND BALLASTSTOFFE BESSER ERHALTEN. DESHALB AM BESTEN ABWECHSELN! PERFEKT ERGÄNZT WERDEN DIE MÖHREN DURCH EIWEISSREICHEN COUSCOUS UND PARMASCHINKEN BZW. MANDELN UND DIE VERDAUUNGSSTÄRKENDEN SÄUREN IN SAUERAMPFER UND ERDBEEREN.

MÖHRENROULADEN

ZUTATEN FÜR 2 PORTIONEN
100 g Instant-Couscous
Salz
1 TL abgeriebene Schale
von 1 Bio-Zitrone
100 g Parmaschinken in Scheiben
500 g zarte, junge Möhren
200 ml Gemüsebrühe
1 Handvoll Sauerampfer
Pfeffer
Außerdem:
kleine Holzspieße

ZUBEREITUNG 45 Min.
PRO PORTION 405 kcal
21 g EW, 12 g F, 52 g KH

1 Den Couscous mit 150 ml kochendem Wasser übergießen. 1 Prise Salz und die Zitronenschale unter den Couscous mischen und den Couscous ca. 10 Min. quellen lassen.

2 Inzwischen den Parmaschinken längs halbieren. Die Möhren waschen, putzen, schälen und spiralförmig mit dem Parmaschinken umwickeln. Den Schinken mit Holzspießchen fixieren.

3 Die Möhrenrouladen in eine Pfanne geben, die Brühe angießen und aufkochen. Die Rouladen zugedeckt bei mittlerer Hitze ca. 15 Min. dünsten, bis sie weich sind.

4 Den Sauerampfer waschen, trocken schütteln und in Streifen schneiden. Den Sauerampfer unter den Couscous mischen. Den Couscous salzen, pfeffern und zu den Möhrenrouladen reichen.

VARIANTE **Zum Verfeinern können Sie in die Gemüsebrühe auch einen kleinen Schuss Weißwein geben.**

COUSCOUS-MÖHRENSALAT

ZUTATEN FÜR 2 PORTIONEN
100 g Instant-Couscous
Salz, 1 TL abgeriebene Schale
von 1 Bio-Zitrone
200 g Möhren
100 g Erdbeeren
20 g ungeschälte Mandeln
50 g Parmaschinken in Scheiben
einige Spritzer Zitronensaft
1 EL Olivenöl, Pfeffer

ZUBEREITUNG 25 Min.
PRO PORTION 400 kcal
16 g EW, 17 g F, 4 g KH

1 Den Couscous mit 150 ml kochendem Wasser übergießen. 1 Prise Salz und die Zitronenschale untermischen und den Couscous ca. 10 Min. quellen lassen.

2 Inzwischen die Möhren waschen, putzen, schälen und fein raspeln. Die Erdbeeren waschen, putzen und vierteln. Die Mandeln hacken und in einer Pfanne ohne Fett rösten, dann abkühlen lassen. Den Parmaschinken in Streifen schneiden.

3 Möhren, Erdbeeren Mandeln und Schinken mit dem Couscous vermengen. Zitronensaft und Öl untermischen. Den Salat mit Salz und Pfeffer würzen.

VARIANTE **Wer es lieber vegetarisch mag, kann anstelle des Parmaschinkens auch 100 g fettreduzierten Mini-Mozzarella unter den Couscous mischen.**

KOHLRABI SIND MIT IHREN POLYPHENOLEN UND GLUCOSINOLATEN (BEIDES WIRKUNGSVOLLE BIOAKTIVSTOFFE) STARKE ZELLSCHÜTZER. DARÜBER HINAUS ENTHALTEN KOHLRABI REICHLICH VITAMIN C – IN DEN BLÄTTERN 2- BIS 3-MAL SO VIEL WIE IN DER KNOLLE. DIE BLÄTTER SCHMECKEN FRISCH UND PEPPEN KOHLRABI FARBLICH AUF. ALS SATTMACHER KOMMEN HIER WIEDER WEIZEN, KÄSE UND SCHINKEN ZUM EINSATZ.

GEFÜLLTE KOHLRABI

ZUTATEN FÜR 2 PORTIONEN
2 kleine Kohlrabi mit Grün (à 300–350 g)
80 g kräftiger Edelpilzkäse (z. B. Roquefort)
Salz, Pfeffer
100 g Bulgur
2 Zweige Rosmarin
250 ml Gemüsebrühe
1 EL Schmand
Rosmarinnadeln zum Bestreuen

ZUBEREITUNG 35 Min.
PRO PORTION 415 kcal
20 g EW, 16 g F, 48 g KH

1 Kohlrabi waschen, putzen, schälen und waagerecht halbieren. Blätter in Streifen, Blattstiele in feine Scheiben schneiden. Die Hälften bis auf einen 1 cm breiten Rand mit einem Messer aushöhlen. 1 Handvoll Kohlrabigrün mit dem ausgehöhlten Fruchtfleisch im Blitzhacker hacken.

2 Käse würfeln, unter den gehackten Kohlrabi mischen und mit Salz und Pfeffer würzen. Kohlrabi damit füllen.

3 Bulgur mit 400 ml Wasser, Kohlrabistielen, 1 Rosmarinzweig und Salz aufkochen, zugedeckt bei kleiner Hitze in ca. 20 Min. ausquellen lassen.

4 In einem zweiten Topf die Brühe mit dem übrigen Rosmarinzweig erhitzen, die gefüllten Kohlrabi in die Brühe setzen und zugedeckt in 15–20 Min. garen. Bei Bedarf noch etwas Wasser zugeben.

5 5 Min. vor Ende der Garzeit die übrigen Kohlrabiblätter unter den Bulgur mischen und mitgaren. Mit Salz und Pfeffer würzen. Schmand mit Brühe verrühren. Kohlrabi mit Rosmarin bestreuen, mit Sauce und Bulgur servieren.

VARIANTE **Gelingt auch prima im Dämpfer! Statt Roquefort können Sie auch 120 g gemischtes Hackfleisch in die Füllung geben.**
PRAXIS-TIPP **Die Kohlrabi für die Burger gleich mitgaren.**

KOHLRABIBURGER

ZUTATEN FÜR 2 PORTIONEN
2 kleine Kohlrabi mit Grün (à 300–350 g)
250 ml Gemüsebrühe
4 EL Kräuterfrischkäse (30 % Fett i. Tr. bzw. 8 % Fett absolut)
4 Scheiben Weizen-Wunderbrot oder anderes Brot (siehe S. 30)
4 Scheiben magerer Kochschinken (ca. 80 g)

ZUBEREITUNG 30 Min.
PRO PORTION 420 kcal
7 g EW, 14 g F, 45 g KH

1 Kohlrabi putzen, schälen und waagerecht in je 4 Scheiben schneiden. 1–2 kleine Kohlrabiblätter hacken und beiseitelegen. Die Brühe in einem Topf aufkochen und die Kohlrabischeiben darin in ca. 10 Min. bissfest garen. Dann herausnehmen und abkühlen lassen.

2 Die gehackten Kohlrabiblätter unter den Frischkäse mischen. Die Brotscheiben beidseitig damit bestreichen. Die Schinkenscheiben halbieren.

3 Pro Burger 1 Kohlrabischeibe, ½ Schinkenscheibe, 1 beidseitig bestrichene Brotscheibe übereinanderlegen. Dann wieder Schinken und Kohlrabi daraufstapeln. Den Burger mit Frischhaltefolie fest umwickeln und bis zum Essen kalt stellen.

PRAXIS-TIPP **Das Gericht lässt sich prima vorbereiten. Die Kohlrabischeiben einfach mit dem gefüllten Kohlrabi zusammen in einem Topf garen und kalt stellen. Fertig gestapelt und in Frischhaltefolie verpackt bleiben die Burger 2 Tage frisch.**

ERDBEEREN SIND WIE ALLE BEEREN DURCH IHRE VIELEN KLEINEN KERNCHEN KÖNIGE DER BALLASTSTOFFE. SIE SIND REICH AN VITAMIN C, ABER VOR ALLEM AM WACHSTUMSVITAMIN FOLSÄURE UND AN POLYPHENOLEN (BIOAKTIVSTOFFE). DAS MACHT SIE ZU ZELLSCHUTZ-FRÜCHTEN. DOCH VORSICHT: NICHT ZU STARK MIT ZUCKER SÜSSEN! DER EIWEISSREICHE QUARK, DUNKLES MEHL UND VOLLKORNBROT MACHEN AUS DIESEN SÜSSSPEISEN VOLLWERTIGE HAUPTGERICHTE.

TOPFEN-PALATSCHINKEN

ZUTATEN FÜR 2 PORTIONEN
2 Eier
75 ml Milch (1,5 % Fett)
1 Prise Salz
75 g Mehl (Type 1050)
200 g Erdbeeren
200 g Magerquark
1 Pck. Vanillezucker
1 TL Rapsöl
150 g Joghurt (1,5 % Fett)

ZUBEREITUNG 40 Min.
PRO PORTION 400 kcal
28 g EW, 11 g F, 44 g KH

1 Für den Teig die Eier trennen. Die Eigelbe mit Milch, 1 Prise Salz und 75 ml Wasser verquirlen. Nach und nach das Mehl unter Rühren einrieseln lassen. Den Teig ca. 10 Min. quellen lassen.

2 Inzwischen für die Füllung Erdbeeren waschen und putzen. Mit Quark und Vanillezucker fein pürieren. Die Eiweiße steif schlagen. Den Eischnee vorsichtig unter die Quarkmasse ziehen.

3 Eine beschichtete Pfanne (20 cm Ø) mit wenig Öl einpinseln und erhitzen. 1 kleine Schöpfkelle Teig hineingeben. Den Teig unter Schwenken der Pfanne gleichmäßig verteilen.

4 Die Palatschinke bei mittlerer Hitze auf jeder Seite in 1–2 Min. goldbraun backen. Übrigen Teig genauso backen.

5 Palatschinken jeweils mit 3–4 EL Quark bestreichen, aufrollen und in eine Auflaufform (19 × 26 cm) legen. Joghurt glatt rühren und darübergießen. Im Backofen (Mitte) bei 160° (Umluft, ohne Vorheizen) ca. 20 Min. backen.

VARIANTE **Zum Servieren weitere 100 g Erdbeeren waschen, putzen, vierteln und über die Palatschinken streuen. Wer es eilig hat, kann dünne Crêpes aus dem Teig backen. Diese mit Puderzucker oder etwas Fruchtaufstrich garnieren und den Erdbeerquark dazu reichen.**

ERDBEERQUARK-SCHICHTSPEISE

ZUTATEN FÜR 2 PORTIONEN
500 g Erdbeeren
150 g Pumpernickel
3 TL Carobpulver (Reformhaus)
½ Banane
400 g Magerquark

ZUBEREITUNG 20 Min.
PRO PORTION 420 kcal
31 g EW, 3 g F, 64 g KH

1 Die Erdbeeren waschen, putzen und bis auf zwei Beeren klein schneiden. Den Pumpernickel fein zerbröseln und mit Carobpulver mischen. Bananenhälfte schälen und mit dem Quark pürieren, die Erdbeerstücke unterheben.

2 Abwechselnd Pumpernickel und Erdbeerquark in 2 Gläser schichten. Die oberste Schicht sollte Quark sein. Je 1 Erdbeere daraufsetzen.

SCHLANK-TIPP **Carob ist die getrocknete Frucht des Johannisbrotkernbaumes und reich an resistenten Stärken, die wie Ballaststoffe wirken. Weiterer Pluspunkt: Carob schmeckt schokoladig, dabei weniger bitter und süßlicher als Kakaopulver. Banane ergänzt den süßen Geschmack: So geht's auch ohne Zucker!**

SOMMER

artischocken
auberginen
blumenkohl
erbsen
fenchel
grüne bohnen
gurke

johannisbeeren
kirschen
mirabellen
melonen
nektarinen
pfirsiche
pflaumen
stachelbeeren

knoblauch
kohlrabi
kopfsalat
mais
möhren
paprikaschoten
rote bete
staudensellerie
tomaten
zucchini
zwiebeln

aprikosen
brombeeren
heidelbeeren
himbeeren

basilikum
bohnenkraut
borretsch
brunnenkresse
estragon
koriandergrün
liebstöckel
lindenblüten
minze
rosmarin
schnittlauch

DETOX MIT ARTISCHOCKEN

Für 1 Portion: 1 Artischocke halbieren, Stiel und Blätter bis an den Ansatz abschneiden. Das Heu vom Boden lösen und wegwerfen. Den Stiel schälen und alles kurz waschen. Stiel und Boden sofort mit 50 ml Wasser, je 50 g Him- und Stachelbeeren und 1 Handvoll Zitronenmelisse im Mixer fein pürieren. Nach Belieben mit Wasser verdünnen.

65 kcal, 4 g EW, 0 g F, 9 g KH

SMOOTHIES

NATÜRLICH KANN MAN SMOOTHIES AUCH MIT DEM PÜRIERSTAB ZERMUSEN. SIE WERDEN DANN NICHT SO FEIN UND LUFTIG WIE IM MIXER. BESONDERS BEKÖMMLICH WIRD DER SMOOTHIE MIT HYDROGENCARBONATREICHEM STILLEN MINERALWASSER (MIN. 600 MG HCO_3^- PRO LITER), DAS IM KÖRPER BASISCH UND GEGEN ÜBERSÄUERUNG WIRKT.

MELONE GEGEN HEISSHUNGER

Für 1 Portion: 100 g Melone (z. B. Wassermelone, Charentais, Galia, Netz- oder Honigmelone) schälen, entkernen und das Fruchtfleisch grob würfeln. Mit 50 ml Wasser, 100 g reifen Kirschtomaten und 1–2 Handvoll Basilikumblättchen im Mixer fein pürieren. Mit Wasser auf die gewünschte Trinkstärke verdünnen. Wassermelone passt hervorragend zu Tomaten!

60 kcal, 2 g EW, 1 g F, 12 g KH

ROTE BETE GEGEN DURCHHÄNGER

Rote-Bete-Blätter enthalten das Vielfache an Vitaminen und Mineralstoffen der Knolle und schmecken zart und frisch: der ideale Fitmacher! Für 1 Portion: 1–2 Handvoll Blätter waschen und entstielen. 2 Pfirsiche waschen, entsteinen und grob würfeln. 1 Stück Vanilleschote (ca. 4 cm) aufschlitzen und das Mark herauskratzen. Alles mit 50 ml Wasser im Mixer fein pürieren.
Mit Wasser nach Belieben verdünnen.

95 kcal, 2 g EW, 0 g F, 20 g KH

HILFT GEGEN SÜSSHUNGER

Für 2 Tassen Maisbart-Rosentee: Maisbart sind die feinen Fäden zwischen Kolben und Hüllblättern, die frisch, zart und süßlich schmecken und leicht entwässern. 1 kleine Handvoll Maisbart, 1 Handvoll Rosenblätter, 4 frische Steviablätter (oder 1 getrocknetes aus dem Reformhaus) mit 500 ml kochendem Wasser überbrühen und den Tee 10 Min. ziehen lassen. Dann durch ein Sieb gießen.

TEES

UNSERE TEES SIND QUASI KALORIENFREI – IHRE SÜSSE UND IHR AROMA BEKOMMEN SIE AUS GANZ NATÜRLICHEN FRISCHEN ROHSTOFFEN. ENTSCHEIDEN SIE NACH GESCHMACK, OB SIE SIE INTENSIVER ODER SCHWÄCHER BRÜHEN MÖCHTEN. DOCH MEHR ALS 500 ML SOLLTEN SIE VON EINEM TEE NICHT TRINKEN: ER ENTHÄLT WIRKSAME STOFFE, DIE MASSVOLL GENOSSEN WERDEN SOLLTEN.

MACHT FIT UND WACH

Für 2 Tassen: Die ätherischen Öle der Zitronenschale sorgen für gute Stimmung und enthalten den Zellschutzstoff Limonen. Thymian und Minze wirken antibakteriell und anregend: ein spritziger Mix. Die Schale von ½ Bio-Zitrone spiralig abschälen. Zitronenschale, 1 Handvoll Pfefferminzblätter und ½ Zweig Thymian mit 500 ml kochendem Wasser überbrühen und den Tee 5 Min. ziehen lassen. Dann durch ein Sieb gießen.

ENTSPANNT UND BERUHIGT

Lindenblüten duften nicht nur betörend nach Sommer, sondern schmecken auch wunderbar zart. Die Melisse sorgt für eine frische Note und besänftigt. Ein entspannendes Paar für mehr Ruhe. Für 2 Tassen Lindenblüten-Melissen-Tee: Je 1 Handvoll Zitronenmelisseblätter und Lindenblüten mit 500 ml kochendem Wasser überbrühen und 5 Min. ziehen lassen. Dann durch ein Sieb gießen.

SOMMER-KNUSPERMÜSLI

REICH AN EISEN UND BALLASTSTOFFEN

ZUTATEN FÜR CA. 10 PORTIONEN
5–6 grüne Kardamomkapseln
200 g ungeschälte Mandeln
3 EL Honig
1 EL Rapsöl
100 g gepuffter Amaranth

PRO PORTION
100 g Obst (z. B. Pfirsich, Melone, Kirschen)
ca. 5 EL Müslimix (ca. 30 g)
200 g Buttermilch

ZUBEREITUNG 10 Min.
PRO PORTION 295 kcal
14 g EW, 14 g F, 28 g KH

1 Die Kardamomkapseln mit einem Stößel vorsichtig aufdrücken und die feinen Samenkörner herauskratzen.

2 Die Mandeln mit den Samen in einer beschichteten Pfanne unter Rühren rösten, bis sie duften. Dann Honig und Öl zugeben und kurz mitrösten. Alles auf einem Brett verteilen und erkalten lassen.

3 Die Mandelmischung grob hacken und mit dem Amaranth mischen.

4 Für 1 Portion Müsli 100 g Obst klein schneiden. Mit 5 EL Müslimix und der Buttermilch mischen.

SCHLANK-TIPP Amaranth ist ein getreideähnlicher Samen aus Südamerika, der ungeheuer reich an Eiweiß mit hoher biologischer Wertigkeit, wertvollen Fettsäuren und Mineralstoffen wie Eisen, Kalzium und Zink ist. Gepufft schmeckt und sättigt er besonders gut. Mandeln mit ihrem Eiweiß und Fett ergänzen den Amaranth ideal. Kardamom kühlt angenehm und macht frisch für den Tag – gerade richtig für den Sommer.

VARIANTE Brotfans essen zum Frühstück 1 Portion Sommerfladenbrot mit Aufstrich oder Belag (siehe S. 58–61) und 1 Portion reifes Sommerobst! Wer's lieber süß mag, kann auch 1 Scheibe Weizen-Wunderbrot (siehe S. 30) mit süßem Belag genießen.

SOMMER-FLADENBROT

REICH AN BALLASTSTOFFEN

ZUTATEN FÜR 1 BLECH (CA. 12 STÜCKE)
1 TL Fenchelsamen
250 g Weizenmehl (Type 1050)
100 g Kichererbsenmehl
1 Pck. Trockenhefe (oder 1 Würfel frische Hefe)
1 EL Rohrzucker
3 Zweige Rosmarin
Olivenöl
1 TL Salz
1 EL Belag pro Blech (z. B. 25 g Oliven (9 kleine) oder 15 g Käse, 30 % Fett i. Tr., oder 40 g getrocknete Tomaten in Öl oder 10 g Nüsse oder Kerne)

ZUBEREITUNG 1 Std. 50 Min. | Ruhen 45 Min. | Backen 15 Min.
PRO STÜCK 110 kcal ohne Belag, ca. 160 kcal mit Belag oder Öl
4 g EW, 2 g F, 18 g KH ohne Belag

1 Fenchelsamen im Mörser etwas anstoßen. Fenchelsamen mit 150–200 ml kochendem Wasser aufgießen und ca. 10 Min. ziehen lassen. Dann den Tee durch ein Sieb gießen und in 15 Min. handwarm abkühlen lassen.

2 Das Weizenmehl mit Kichererbsenmehl, Trockenhefe und Zucker in einer Schüssel mischen. (Frische Hefe im Tee auflösen, dann weiterverarbeiten.) Nach und nach den handwarmen Tee mit den Knethaken des Handrührgeräts einarbeiten und alles gut verkneten.

3 Den Teig abgedeckt an einem warmen Ort ca. 30 Min. gehen lassen, bis sich das Volumen verdoppelt hat.

4 Inzwischen den Rosmarin waschen und trocken schütteln, die Nadeln hacken. Rosmarin, 2 EL Öl und Salz mit den Händen unter den gegangenen Teig kneten. Ein Backblech mit Backpapier auslegen. Den Teig auf dem Backpapier ausrollen und abgedeckt weitere 15 Min. gehen lassen.

5 Mit einem Messer 12 Rechtecke auf dem Teig markieren. Den Teig mit etwas Wasser bestreichen und nach Wunsch belegen oder jedes Stück mit 2 TL Öl beträufeln. Im Backofen (unten) bei 180° (Umluft, ohne Vorheizen) ca. 15 Min. backen.

PRAXIS-TIPP Den Belag weglassen und zu jedem Stück Brot 1 Portion Aufstrich oder Dip essen. Oder man isst 2 Stücke Brot mit Belag nach Wunsch und dazu einen grünen Salat. Das ersetzt eine vollständige Mahlzeit. Damit das Brot auch noch am zweiten oder dritten Tag schmeckt, entweder direkt nach dem Backen einfrieren und portionsweise auftauen oder im Toaster kross toasten.

SCHLANK-TIPP Kichererbsen enthalten wertvolles pflanzliches Eiweiß. Da sie in diesem Rezept einen Teil des Weizenmehls ersetzen, hat das Brot fast doppelt so viel Eiweiß wie herkömmliches Brot. Sie können die Fladen statt mit Belag nach Belieben mit Tomaten- oder Zucchinischeiben belegen. Diese haben so gut wie keine Kalorien.

Aprikosen-Dattel-Creme

ZUTATEN FÜR 4 PORTIONEN

150 g Aprikosen
3–4 getrocknete Datteln ohne Stein (20 g)
15 g ungeschälte Sesamsamen (1 geh. EL)

ZUBEREITUNG 20 Min.
PRO PORTION 50 kcal
1 g EW, 2 g F, 7 g KH

1 Die Aprikosen waschen, halbieren und entsteinen. Die Datteln hacken. Mit den Aprikosenhälften und 50 ml Wasser in einem Topf aufkochen und zugedeckt bei kleiner Hitze ca. 10 Min. köcheln lassen, bis die Aprikosen zerfallen. Bei Bedarf noch etwas Wasser zugeben.

2 Inzwischen die Sesamsamen in einer kleinen beschichteten Pfanne ohne Öl anrösten, bis sie duften.

3 Die Aprikosen-Dattel-Mischung pürieren und die Sesamsamen unterrühren.

SCHLANK-TIPP Datteln süßen durch ihre Ballaststoffe auf gesunde Art – der Blutzucker steigt nur langsam.
PRAXIS-TIPP Die Creme ist im Kühlschrank ca. 1 Woche haltbar.

Sardinenaufstrich

ZUTATEN FÜR 4 PORTIONEN

1 kleine Kartoffel (50 g)
Salz
1 Bio-Zitrone
50 g Sardinen in Öl
2 Sardellen in Öl
1 EL Kapern
1 TL Olivenöl
Pfeffer

ZUBEREITUNG 30 Min.
PRO PORTION 50 kcal
4 g EW, 2 g F, 4 g KH

1 Die Kartoffel in wenig kochendem Salzwasser in 25 Min. garen, dann pellen und noch heiß mit einer Gabel zerdrücken.

2 Die Zitrone heiß waschen und abtrocknen, die Schale fein abreiben und den Saft auspressen. Sardinen und Sardellen abtropfen lassen, mit Kapern, Öl, Zitronensaft und -schale im Blitzhacker fein pürieren. Bei Bedarf 2–3 EL Wasser zugeben. Die Kartoffel unterziehen, den Aufstrich mit Salz und Pfeffer würzen und kalt stellen.

SCHLANK-TIPP Resistente Stärke in der Kartoffel machen in Kombination mit Fischeiweiß und Öl lange satt.
PRAXIS-TIPP Der Aufstrich ist im Kühlschrank 4–5 Tage haltbar.

TOMATENDIP

ZUTATEN FÜR 4 PORTIONEN
100 g Kirschtomaten
4 in Öl eingelegte getrocknete Tomaten (30 g)
1 EL Tomatenmark
50 g Feta
Salz, Pfeffer

ZUBEREITUNG 10 Min.
PRO PORTION 50 kcal
3 g EW, 4 g F, 2 g KH

1 Die Tomaten waschen und halbieren. Die getrockneten Tomaten abtropfen lassen und grob hacken. Beides mit Tomatenmark und Feta in einem Mixer pürieren. Den Dip mit Salz und Pfeffer würzen.

SCHLANK-TIPP Viel Eiweiß und gesunde Kohlenhydrate mit vielen Ballaststoffen machen lange satt.
PRAXIS-TIPP Je reifer die Tomaten, desto besser. Der Aufstrich bleibt im Kühlschrank 4–5 Tage frisch.

BASILIKUMPESTO MIT GERÖSTETEN KÜRBISKERNEN

ZUTATEN FÜR 6 PORTIONEN
2 EL Kürbiskerne
1 Topf Basilikum
½ Scheibe Brot vom Vortag (20 g)
1 EL Olivenöl
Salz, Pfeffer
einige Spritzer Zitronensaft

ZUBEREITUNG 15 Min.
PRO PORTION 50 kcal
2 g EW, 4 g F, 2 g KH

1 Die Kürbiskerne in einer Pfanne ohne Fett rösten, bis sie duften.

2 Die Basilikumblätter abzupfen, waschen und trocken schütteln. Das Brot würfeln. Beides mit den Kürbiskernen und dem Öl in einen Mixer geben und fein pürieren. Nach Belieben mit etwas Wasser glatt rühren. Das Pesto mit Salz, Pfeffer und einigen Spritzern Zitronensaft kräftig würzen.

PRAXIS-TIPP Das Pesto bleibt im Kühlschrank 4–5 Tage frisch und ist eine tolle Resteverwertung für Brot.
VARIANTE Statt Basilikum können Sie auch 1 Bund Radieschenblätter nehmen. Dann den Zitronensaft weglassen.

SOMMER-ZAUBERSUPPE

ERFRISCHEND DURCH KALIUM UND VIEL FLÜSSIGKEIT

ZUTATEN FÜR 4 PORTIONEN
1 Aubergine (300–400 g)
3 EL Rapsöl
Salz, Pfeffer
1 Zwiebel
1 Knoblauchzehe
2 gelbe oder rote Paprikaschoten (ca. 400 g)
1 Zucchino (ca. 250 g)
1 EL Tomatenmark
2 Dosen geschälte Tomaten (à ca. 400 g Inhalt)
1 Dose Kichererbsen (ca. 240 g Abtropfgewicht)
3 Zweige Rosmarin
3 Zweige Thymian
4 EL Pesto (selbst gemacht, siehe S. 61; oder Fertigprodukt)

ZUBEREITUNG 45 Min.
PRO PORTION 370 kcal
14 g EW, 22 g F, 28 g KH

1 Den Backofengrill vorheizen. Die Aubergine waschen, putzen und würfeln. Ein Backblech mit Alufolie auslegen und mit 2 EL Öl bestreichen. Auberginenwürfel auf dem Blech verteilen, salzen, pfeffern und kurz vermengen. Im Ofen ca. 5 Min. grillen, dabei öfters wenden.

2 Zwiebel und Knoblauch schälen, beides fein würfeln. Die Paprikaschoten halbieren, putzen, waschen und ebenfalls würfeln. Zucchino waschen, putzen und in Würfel schneiden. 1 EL Öl in einem Topf erhitzen, Zwiebel und Knoblauch darin kurz andünsten. Tomatenmark zugeben und kurz mit anrösten. Die Paprika- und Zucchinowürfel zufügen und noch 2–3 Min. mitdünsten. Tomaten und Kichererbsen samt Saft sowie 200 ml Wasser dazugeben und ca. 5 Min. köcheln lassen. Die Auberginenwürfel zugeben und in der Suppe heiß werden lassen.

3 Die Kräuter waschen und trocken schütteln, die Nadeln und Blättchen hacken und unter die Suppe rühren. Die Suppe salzen und pfeffern.
Mit 1 EL Pesto pro Portion anrichten.

PRAXIS-TIPP Sie können die Kichererbsen auch selber kochen. Dafür 110 g Kichererbsen über Nacht in ca. 250 ml Wasser einweichen. Im Einweichwasser ca. 1 Stunde garen (im Schnellkochtopf auf Stufe 2 ca. 30 Min.). Bei Bedarf etwas Wasser zugeben.

SCHLANK-TIPP Wem eine Suppe im Sommer zu heiß ist, genießt dieses Gericht aus dem Kühlschrank als eiskalte Erfrischung. Statt mit Pesto können Sie die Suppe auch mit 2 EL zerkrümeltem fettarmem Feta servieren.

TOMATEN SIND DER HAUPTLIEFERANT FÜR LYCOPIN. BESONDERS IN ERHITZTEN, EINGEKOCHTEN TOMATEN IST ES REICHLICH ENTHALTEN UND GUT VERFÜGBAR. LYCOPIN SCHÜTZT DIE ZELLEN VON INNEN – AUCH GEGEN UV-STRAHLUNG. **WALNÜSSE** ENTHALTEN WERTVOLLE MEHRFACH UNGESÄTTIGTE FETTSÄUREN, BESONDERS OMEGA-3-FETTSÄUREN. SIE SENKEN DEN CHOLESTERINSPIEGEL, SCHÜTZEN VOR HERZERKRANKUNGEN UND SIND DURCH VIEL EIWEISS, BALLAST- UND MINERALSTOFFE EINE TOLLE ALTERNATIVE ZU FLEISCH.

SPAGHETTI MIT TOMATEN-NUSS-SAUCE

ZUTATEN FÜR 2 PORTIONEN
125 g Vollkorn-Spaghetti
Salz
1 Zwiebel
1 Knoblauchzehe
30 g Walnusskerne
1 EL Olivenöl
1 Dose geschälte Tomaten (ca. 400 g Inhalt)
Pfeffer
1 Handvoll Basilikum

ZUBEREITUNG 30 Min.
PRO PORTION 395 kcal
13 g EW, 17 g F, 46 g KH

1 Die Spaghetti in kochendem Salzwasser nach Packungsangabe bissfest garen, dann abgießen.

2 Inzwischen Zwiebel und Knoblauch schälen und beides würfeln. Walnusskerne hacken. Öl in einer hohen Pfanne erhitzen, erst die Zwiebel darin glasig dünsten. Dann Knoblauch und Nüsse zugeben und 5–6 Min. mitbraten, bis die Zwiebelwürfel bräunen. Tomaten samt Saft zufügen, salzen und pfeffern. Die Sauce mit Spritzschutz oder halb zugedeckt bei mittlerer Hitze in ca. 5 Min. dick einkochen lassen.

3 Das Basilikum waschen und trocken schütteln, die Blätter in Streifen schneiden. Die Hälfte des Basilikums am Ende der Garzeit unter die Sauce rühren. Spaghetti mit Sauce und übrigem Basilikum servieren.

PRAXIS-TIPP Kochen Sie gleich die doppelte Menge Sauce, denn sie ist auch Basis für die Gazpacho. Das spart Zeit und Energie!
SCHLANK-TIPP Bei Vollkorn sorgen die Ballaststoffe dafür, dass der Blutzucker nur langsam ansteigt. Wer kein Vollkorn mag, nimmt 100 g »normale« Spaghetti und 2–3 Walnusskerne mehr.

GAZPACHO

ZUTATEN FÜR 2 PORTIONEN
1 Zwiebel
1 Knoblauchzehe
30 g Walnusskerne
1 EL Olivenöl
1 Dose geschälte Tomaten (ca. 400 Inhalt)
Salz, Pfeffer, 250 g Tomaten
1 rote Paprikaschote, ½ Gurke
30 g grüne Oliven (ohne Stein)
1 EL Pesto, 1 Msp. Harissa
2 Stücke Sommerfladenbrot

ZUBEREITUNG 40 Min. | Kühlen 1 Std.
PRO PORTION 420 kcal
13 g EW, 25 g F, 36 g KH

1 Mit den Zutaten von Zwiebel bis Pfeffer die Tomatensauce wie im Rezept oben in Schritt 2 zubereiten und abkühlen lassen.

2 Das Gemüse waschen. Die Tomaten halbieren und die Stielansätze entfernen. Paprikaschote halbieren und putzen. Gurke längs vierteln und entkernen. Gurkenkerne zusammen mit den Tomaten und der kalten Sauce pürieren. Nach Belieben mit etwas Wasser verdünnen.

3 Paprikahälften und Gurkenviertel in kleine Würfel schneiden. Oliven grob hacken. Alles mit Pesto, Harissa, Salz und Pfeffer unter das Püree ziehen, salzen und pfeffern. Gazpacho kalt stellen. Dann mit je 1 Stück Sommerfladenbrot oder anderem Brot servieren.

VARIANTEN Statt Pesto 2 TL Olivenöl dazugeben, statt Oliven können Sie auch 50 g im eigenen Saft eingelegte Venusmuscheln in die Gazpacho geben.
SCHLANK-TIPP Suppen sind ziemlich kalorienarm und füllen den Magen, weil sie zu einem großen Teil aus Wasser bestehen.

AUBERGINEN ENTHALTEN BITTERSTOFFE UND ÄTHERISCHE ÖLE, DIE ENTSPANNEND UND ENTWÄSSERND WIRKEN. ZUDEM HELFEN DIE BALLASTSTOFFE BEI VERDAUUNGSSTÖRUNGEN UND DARMTRÄGHEIT. DER DUNKLE FARBSTOFF IN DER SCHALE FÄNGT FREIE RADIKALE (AGGRESSIVE SAUERSTOFFMOLEKÜLE) AB UND SCHÜTZT DADURCH DIE ZELLEN. OLIVEN SIND DURCH VIEL FETT UND BALLASTSTOFFE GESUNDE SATTMACHER. DAS ÖL SCHÜTZT VOR HERZ-KREISLAUF-ERKRANKUNGEN. SESAMSAMEN ENTHALTEN WERTVOLLES EIWEISS. DAMIT BEI EINER DIÄT DIE FETTRESERVEN UND NICHT WERTVOLLE MUSKELMASSE ABGEBAUT WERDEN, IST EINE GUTE EIWEISSZUFUHR BESONDERS WICHTIG.

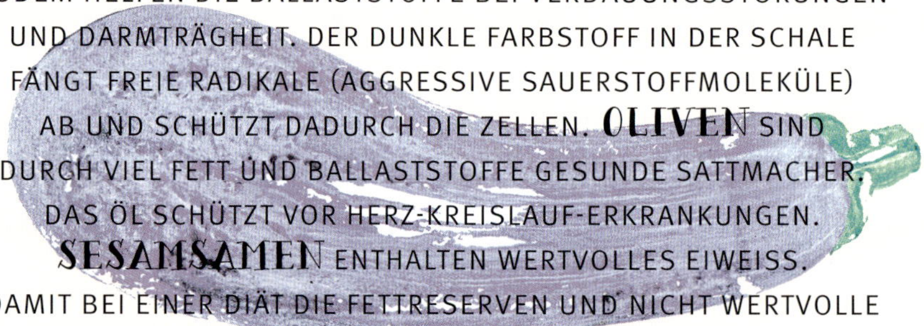

AUBERGINEN-TONNATO

ZUTATEN FÜR 2 PORTIONEN
2 Auberginen (ca. 600 g)
4 EL Olivenöl
Salz, Pfeffer
½ Bio-Zitrone
100 ml Gemüsebrühe
2 EL Kondensmilch (4 % Fett)
2 Dosen Thunfisch im eigenen Saft (à ca. 150 g Abtropfgewicht)
2 EL Kapern mit Sud

ZUBEREITUNG 20 Min.
PRO PORTION 420 kcal
42 EW, 24 g F, 9 g KH

1 Den Backofengrill vorheizen. Die Auberginen waschen, putzen und quer in ca. ½ cm dicke Scheiben schneiden. Ein Backblech mit Alufolie auslegen und mit 2 EL Öl bestreichen. Auberginenscheiben darauflegen, mit dem restlichen Öl einpinseln, salzen und pfeffern. Auberginenscheiben auf jeder Seite 2–3 Min. grillen. Die Scheiben überlappend auf eine tiefe Platte legen.

2 Die Zitronenhälfte heiß waschen und abtrocknen, die Schale abreiben und den Saft auspressen. Etwas Zitronenschale beiseitelegen, den Rest und 2 EL -saft mit Brühe, Kondensmilch und Thunfisch samt Saft cremig pürieren. Mit Pfeffer und etwas Kapernsud nach Belieben würzen.

3 Die Creme auf den Auberginenscheiben verteilen, mit Kapern und restlicher Zitronenschale bestreuen.

SCHLANK-TIPP **Auberginen enthalten wenig Kalorien – es sei denn man brät sie in viel Fett: Das saugen sie auf wie ein Schwamm. Deshalb ist grillen ideal, das gibt Aroma ohne viel Öl.**

AUBERGINEN-KAVIAR MIT BROT

ZUTATEN FÜR 2 PORTIONEN
1 Aubergine (ca. 300 g)
2 EL Olivenöl
40 g Sesamsamen
1 kleine Zwiebel
1 Knoblauchzehe
60 g schwarze Oliven (ohne Stein)
½ Zitrone
2 Zweige Thymian
Salz, Pfeffer
2 Stücke Sommerfladenbrot (siehe S. 58)

ZUBEREITUNG 20 Min.
PRO PORTION 395 kcal
10 g EW, 29 g F, 23 g KH

1 Den Backofengrill vorheizen. Die Aubergine waschen, putzen und quer in ca. ½ cm dicke Scheiben schneiden. Ein Backblech mit Alufolie auslegen und mit 1 EL Öl bestreichen. Auberginenscheiben darauflegen, mit dem restlichem Öl bepinseln und mit Sesamsamen bestreuen. Dann die Auberginenscheiben unter dem Backofengrill auf jeder Seite 2–3 Min. grillen.

2 Zwiebel und Knoblauch schälen, beides mit den Oliven sehr fein hacken. Den Saft der Zitronenhälfte auspressen. Den Thymian waschen, trocken schütteln und die Blättchen abzupfen.

3 Die Auberginenscheiben hacken, mit Zwiebel, Knoblauch und Oliven vermengen. Mit 1–2 EL Zitronensaft, Thymian, etwas Salz und Pfeffer würzen. Mit je 1 Stück Sommerfladenbrot oder anderem Brot servieren.

PRAXIS-TIPP **Die Vitamine sitzen fast alle in der Schale. Daher Auberginen nicht schälen. Auch auf das Salzen und Entwässern lieber verzichten, da sonst die wertvollen Bitterstoffe verloren gehen.**

ZUCCHINI ENTHALTEN BITTER- UND SCHLEIMSTOFFE, DIE DIE DARMTÄTIGKEIT ANREGEN. ZUSAMMEN MIT VITAMIN C, SELEN UND BETA-KAROTIN UNTERSTÜTZEN SIE DIE AKTIVITÄT DES IMMUNSYSTEMS. **KNOBLAUCH** LIEFERT WERTVOLLE SCHWEFELVERBINDUNGEN (ALLICIN), DENEN EINE ANTIBAKTERIELLE WIRKUNG NACHGESAGT WIRD. ER BEUGT ARTERIOSKLEROSE VOR UND SENKT DEN CHOLESTERIN- UND BLUTFETTSPIEGEL.

Zucchinipuffer mit Knoblauchquark

ZUTATEN FÜR 2 PORTIONEN (CA. 12 PUFFER)
400 g Zucchini
300 g Kartoffeln
Salz, Pfeffer
3–4 Stiele Dill (alternativ TK-Dill)
1 Knoblauchzehe
200 g Magerquark
5 EL zarte Haferflocken
3 EL Rapsöl

ZUBEREITUNG 25 MIN.
PRO PORTION 420 kcal
22 g EW, 17 g F, 44 g KH

1 Zucchini und Kartoffeln waschen. Die Zucchini putzen. Die Kartoffeln schälen und beides getrennt fein raspeln. 300 g Zucchiniraspel mit den Kartoffelraspeln in einer Schüssel mischen. Die Mischung salzen, pfeffern und in einem Sieb abtropfen lassen.

2 Den Dill waschen, trocken schütteln und fein hacken. Knoblauch schälen und sehr fein hacken. Quark mit restlichen Zucchiniraspeln mischen, mit Knoblauch, Dill, Salz und Pfeffer würzen.

3 So viele Haferflocken unter die Raspelmasse mischen, bis eine feste, klebrige Masse entsteht. Öl in einer beschichteten Pfanne erhitzen. Aus der Masse 12 kleine Puffer formen, in die Pfanne geben und zugedeckt auf beiden Seiten in ca. 12 Min. goldbraun ausbacken. Herausnehmen und auf Küchenpapier entfetten. Die Puffer mit dem Knoblauchquark servieren.

SCHLANK-TIPP Kartoffeln, Quark und Haferflocken ergänzen sich in ihren Aminosäuren bestens zu besonders hochwertigem Eiweiß.

Zucchinisalat

ZUTATEN FÜR 2 PORTIONEN
150 g Pflücksalat
150 g Kirschtomaten
125 g Mini-Mozzarella
2 Zucchini (ca. 400 g)
2 EL Rapsöl
2 EL Aceto balsamico
2 Stücke Sommerfladenbrot (siehe S. 58; oder 2 Scheiben anderes Brot)

ZUBEREITUNG 25 Min.
PRO PORTION 420 kcal
21 g EW, 26 g F, 26 g KH

1 Den Salat putzen, waschen, trocken schleudern und in mundgerechte Stücke zupfen. Die Tomaten waschen, halbieren und die Stielansätze entfernen. Mozzarella abtropfen lassen. Zucchini waschen und putzen. 1 Zucchino in Scheiben schneiden und den anderen Zucchino raspeln.

2 Öl in einer Pfanne erhitzen, die Zucchinischeiben darin auf jeder Seite in ca. 5 Min. goldbraun braten, dann mit Salz und Pfeffer würzen. Mit Essig und 1 EL Wasser ablöschen.

3 Alle vorbereiteten Zutaten mischen. Den Salat salzen, pfeffern und mit je 1 Stück Brot anrichten.

SCHLANK-TIPP Von fettarmem Mozzarella können Sie sogar 140 g nehmen! Dadurch steigt der Eiweißgehalt des Gerichtes.
PRAXIS-TIPP Die Schale immer an den Zucchini lassen – sie bleiben dadurch knackiger und enthalten mehr Ballaststoffe. Je kleiner die Zucchini, desto mehr!

ARTISCHOCKEN ENTHALTEN DEN BITTERSTOFF CYNARIN. DIESER REGT DEN GALLENFLUSS AN, FÖRDERT DIE VERDAUUNG UND IST EIN DETOX-KNÜLLER! AUSSERDEM IST INULIN ENTHALTEN, EIN BALLASTSTOFF, DER DIE DARMFLORA FÖRDERT. BASILIKUM SORGT DAFÜR, DASS DIE BLÄHUNGEN NICHT ZU VIEL WERDEN. **AVOCADOS** ENTHALTEN GESUNDE MEHRFACH UNGESÄTTIGTE FETTSÄUREN UND VIEL VITAMIN E FÜR EINE SCHÖNE HAUT.

ARTISCHOCKEN MIT AVOCADODIP

ZUTATEN FÜR 2 PORTIONEN
4 große Artischocken
1 Bio-Zitrone
Salz
2 reife Avocados
1 Handvoll Basilikum
1 Knoblauchzehe
100 g Joghurt (1,5 % Fett)
Pfeffer
2 Stücke Sommerfladenbrot (siehe S. 58; oder 2 Scheiben anderes Brot)

ZUBEREITUNG 1 Std. 20 Min.
PRO PORTION 390 kcal
15 g EW, 24 g F, 30 g KH

1 Artischocken waschen und die Stiele abschneiden. Zitrone heiß waschen und abtrocknen, die Schale spiralförmig abschälen und den Saft auspressen. Artischocken mit 2 EL Zitronensaft beträufeln und salzen. Einen Topf etwa handbreit hoch mit Wasser füllen, Zitronenschale zufügen und aufkochen. Artischocken darin ca. 1 Std. garen, bis sich ein Blatt herausziehen lässt.

2 Inzwischen die Avocados halbieren und entsteinen. Das Fruchtfleisch mit einem Löffel aus der Schale lösen. Das Basilikum waschen, trocken schütteln und die Blätter abzupfen. Das Basilikum mit übrigem Zitronensaft und Avocadofruchtfleisch pürieren.

3 Knoblauch schälen und hacken. Knoblauch und Joghurt unter die Avocadocreme rühren. Mit Salz und Pfeffer würzen.

4 Artischocken herausnehmen. Mit Dip und Sommerfladenbrot servieren.

PRAXIS-TIPP Im Schnellkochtopf brauchen die Artischocken nur halb so lange, bis sie gar sind.
SCHLANK-TIPP Dieses Gericht ist eine tolle Therapie für Schnellesser, denn man braucht einfach Zeit, bis die Artischocken abgeknabbert sind. Auch super für Gäste!

ARTISCHOCKENSALAT MIT EI

ZUTATEN FÜR 2 PORTIONEN
400 g Kartoffeln (z. B. Früh- oder Salatkartoffeln)
Salz
2 Eier
1 kleiner Kopfsalat
1 Handvoll Basilikum
1 Dose Artischockenherzen im Sud (ca. 240 g Abtropfgewicht)
3 EL Olivenöl
1 EL Dijon-Senf
Pfeffer

ZUBEREITUNG 40 Min.
PRO PORTION 400 kcal
15 g EW, 21 g F, 36 g KH

1 Kartoffeln in wenig kochendem Salzwasser in ca. 25 Min. garen. Dann pellen und abkühlen lassen. Die Eier in ca. 8 Min. hart kochen, dann pellen und abkühlen lassen.

2 Salat putzen, waschen, trocken schleudern und in mundgerechte Stücke zupfen. Basilikum waschen, trocken schütteln und die Blätter abzupfen. Kartoffeln in Scheiben schneiden.

3 Artischocken abgießen, dabei die Flüssigkeit auffangen. Aus Öl, 6 EL Artischockensud, Senf, Salz und Pfeffer eine Vinaigrette rühren. Kartoffeln untermischen und ca. 10 Min. ziehen lassen. Eventuell noch etwas Artischockensud zugeben und salzen.

4 Artischocken vierteln, unter die Kartoffeln ziehen. Kopfsalat anrichten, Artischockensalat daraufgeben. Eier vierteln und auf den Salat setzen.

PRAXIS-TIPP Sie können auch doppelt so viele Artischocken zum Dippen garen, die Böden aufheben, in Zitronensaft einlegen und zu Salat verarbeiten.

BOHNEN HABEN UNTER DEN GEMÜSESORTEN DEN HÖCHSTEN EIWEISSGEHALT UND JEDE MENGE FLAVONOIDE, DIE TOPFIT MACHEN. ERGÄNZT WIRD DAS EIWEISS DURCH DIE KARTOFFELN UND DAS MAGERE KASSELER, DIE EINTOPF UND SALAT ZU EINEM ECHTEN EIWEISSKNÜLLER UND FATBURNER MACHEN. DESHALB GIBT'S DIE ZUTATEN GLEICH IN ZWEI VARIANTEN! BOHNENKRAUT SORGT FÜR WÜRZE UND BEKÖMMLICHKEIT.

BOHNENTOPF MIT KASSELER UND KARTOFFELSTAMPF

ZUTATEN FÜR 2 PORTIONEN
400 g festkochende Kartoffeln
Salz
400 g grüne Bohnen
4 Zweige Bohnenkraut
200 g rohes Kasseler
Pfeffer
1 Fleischtomate
½ Bio-Zitrone
2–3 EL Schmand

ZUBEREITUNG 40 Min.
PRO PORTION 400 kcal
28 g EW, 11 g F, 45 g KH

1 Die Kartoffeln in wenig kochendem Salzwasser in 25 Min. garen.

2 Inzwischen die Bohnen waschen und putzen. Mit der Hälfte Bohnenkraut, dem Kasseler, ca. 200 ml Wasser in einen Topf geben, aufkochen und zugedeckt 15–20 Min. garen. Kasseler und Bohnenkraut herausnehmen. Kasseler würfeln, wieder in den Topf geben und alles mit Pfeffer und Salz würzen.

3 Die Fleischtomate waschen und würfeln, dabei den Stielansatz entfernen. Die Tomatenwürfel zum Bohnentopf geben und heiß werden lassen.

4 Inzwischen die Zitronenhälfte heiß waschen und abtrocknen, die Schale abreiben und den Saft auspressen. Die Kartoffeln abgießen und pellen. Mit Schmand, Zitronensaft und -schale zerstampfen. Die Blättchen von dem übrigen Bohnenkraut abstreifen und unter den Kartoffelstampf rühren. Den Stampf mit Salz und Pfeffer kräftig würzen und zum Bohnentopf reichen.

PRAXIS-TIPP **Kartoffeln, Kasseler und Bohnen für den Salat gleich mitgaren. Das spart Zeit und Energie.**
SCHLANK-TIPP **Kasseler gehört zu den fettärmsten Fleischsorten: Eiweiß pur! Es wird schnell trocken. Wenn Sie nur gegartes Kasseler bekommen, dann erst in Schritt 3 mit den Tomaten zugeben.**

BOHNEN-KARTOFFEL-SALAT

ZUTATEN FÜR 2 PORTIONEN
300 g festkochende Kartoffeln
Salz
300 g grüne Bohnen
200 g rohes Kasseler
2 Zweige Bohnenkraut
50 g Rucola
1 kleine Zwiebel
2 EL Olivenöl
2–3 EL Weißweinessig
1 EL Dijon-Senf
Pfeffer

ZUBEREITUNG 50 Min.
PRO PORTION 380 kcal
26 g EW, 15 g F, 34 g KH

1 Kartoffeln, Bohnen, Kassler und Bohnenkraut zubereiten wie im Rezept oben in Schritt 1 und 2 beschrieben.

2 Die Kartoffeln abgießen, pellen und in ca. 1 cm große Würfel schneiden. Kasseler und Bohnen mit einem Schaumlöffel aus dem Sud nehmen und mit den Kartoffelwürfeln mischen.

3 Den Rucola waschen, verlesen, trocken schleudern und in ca. 3 cm breite Streifen schneiden. Die Zwiebel schälen und fein hacken.

4 3–4 EL Bohnenkochwasser, Öl, Essig, Senf, Salz und Pfeffer zu einem Dressing rühren und Zwiebelwürfel zugeben. Das Dressing über den Bohnensalat gießen und untermengen. Dann den Rucola unterheben, den Salat mit Salz und Pfeffer abschmecken.

PRAXIS-TIPP **Der Salat ist gut geeignet als Büromahlzeit! Dann den Rucola separat transportieren und erst kurz vor dem Essen unter den Salat mischen, da er sonst zusammenfällt.**

FENCHEL, DILL UND GRÜNE PAPRIKASCHOTEN

ENTHALTEN REICHLICH BITTERSTOFFE. SIE REGEN DIE ENTGIFTUNG AN, WIRKEN TONISIEREND UND ENTWÄSSERN. FENCHEL UND DILL BERUHIGEN AUSSERDEM DEN MAGEN. VOLLKORNGETREIDE LIEFERT DAZU UNLÖSLICHE BALLASTSTOFFE, DIESE FÜLLEN KALORIENFREI DEN MAGEN.

HACKFLEISCH-FENCHEL-TOPF MIT REIS

ZUTATEN FÜR 2 PORTIONEN
80 g parboiled Vollkornreis (ersatzweise Zartweizen)
3 Zweige Thymian
Salz
2 Fenchelknollen mit Grün
1 Zwiebel
1 EL Rapsöl
150 g mageres Rinderhackfleisch
Pfeffer
2–3 EL Kondensmilch (4 % Fett)

ZUBEREITUNG 45 Min.
PRO PORTION 415 kcal
23 g EW, 17 g F, 42 g KH

1 Den Reis in einem Topf erwärmen. 150 ml Wasser, Thymianzweige und ½ TL Salz zufügen und aufkochen, dann zugedeckt bei kleiner Hitze in ca. 20 Min. ausquellen lassen.

2 Den Fenchel waschen. Das Grün abschneiden und beiseitelegen. Die Knollen längs halbieren und den Strunk entfernen. Fenchelhälften quer in schmale Streifen schneiden. Zwiebel schälen und würfeln.

3 Das Öl in einem flachen Topf erhitzen, die Zwiebel darin glasig andünsten. Hackfleisch zugeben, salzen und pfeffern und anbraten, bis es krümelig ist, dabei mit dem Löffel zerteilen. Den Fenchel zugeben und ca. 5 Min. mit andünsten. Mit 200 ml Wasser ablöschen und alles zugedeckt in 10–15 Min. garen.

4 Das Fenchelgrün fein hacken und mit Kondensmilch unter den Hackfleischtopf rühren. Mit Reis servieren.

PRAXIS-TIPP **Am besten gleich 160 g Reis kochen und nach dem Garen die Hälfte für den Salat beiseitestellen.**

REISSALAT MIT FENCHELROHKOST

ZUTATEN FÜR 2 PORTIONEN
1 Fenchelknolle mit Grün
1 EL Zitronensaft
1 grüne Paprikaschote
1 kleine Zwiebel
1 Knoblauchzehe, ½ Bund Dill
200 g gegarte Krabben (tiefgekühlt oder in Lake), 1 EL Dijon-Senf
2 EL Weißweinessig
Salz, Pfeffer, 3 EL Olivenöl
ca. 200 g gekochter parboiled Vollkornreis (Rohgewicht: 80 g)

ZUBEREITUNG 25 Min.
PRO PORTION 410 kcal
24 g EW, 17 g F, 39 g KH

1 Den Fenchel waschen. Das Grün abschneiden und beiseitelegen. Die Fenchelknolle halbieren und den Strunk entfernen. Fenchel auf dem Gemüsehobel in feine Streifen hobeln. Damit sie nicht braun werden, mit dem Zitronensaft beträufeln.

2 Die Paprikaschote halbieren, putzen, waschen und würfeln. Zwiebel und Knoblauch schälen, beides fein hacken. Dill waschen und trocken schütteln, die Dillspitzen mit dem Fenchelgrün hacken.

3 Krabben abbrausen und abtropfen lassen. Aus Senf, Essig, Salz, Pfeffer und Öl eine Vinaigrette rühren. Reis, Zwiebel, Knoblauch, Fenchelgrün und Dill unterrühren. Das Dressing mit Fenchel und Paprika mischen. Den Salat mit Salz und Pfeffer abschmecken.

PRAXIS-TIPP **Wenn der Salat länger steht, saugt der Reis Flüssigkeit auf und der Salat wird trocken. Dann etwas Wasser zugeben und kräftig nachwürzen.**

MELONEN ENTHALTEN VIEL WASSER, SIND DESHALB SEHR KALORIENARM UND FÜLLEN AUF ANGENEHM LEICHTE WEISE DEN MAGEN. SIE BELASTEN NICHT, DAS TUT VOR ALLEM IM SOMMER GUT. **KARDAMOM** IST IN ASIEN SCHON SEIT 3000 JAHREN ALS HEILMITTEL BEKANNT. ER REGT DEN STOFFWECHSEL AN, WIRKT SCHLEIMLÖSEND UND ANREGEND AUF HERZ UND KREISLAUF. **CHILI** HEIZT EBENFALLS DEN STOFFWECHSEL AN.

GRILLSTEAK MIT MELONEN-TOMATEN-SALSA

ZUTATEN FÜR 2 PORTIONEN
2 Zweige Thymian
1 TL Tomatenmark
2 EL Olivenöl
1 Knoblauchzehe
Salz, Pfeffer
300 g mageres Schweinesteak (z. B. vom Rücken oder Filet)
300 g Melone (z. B. Charentais)
300 g Strauchtomaten
1 kleine Zwiebel
1 kleine rote Chilischote
1 Bund Koriandergrün

ZUBEREITUNG 35 Min.
PRO PORTION 400 kcal
35 g EW, 18 g F, 23 g KH

1 Thymian waschen und trocken schütteln, die Blättchen abzupfen. Tomatenmark mit 1 EL Öl verrühren. Knoblauch schälen und durch die Knoblauchpresse dazudrücken. Mit Thymian, Salz und Pfeffer kräftig würzen. Die Steaks mit der Marinade einpinseln.

2 Die Melone mit einem Löffel entkernen, dünn schälen und das Fruchtfleisch in feine Würfel schneiden. Tomaten waschen und würfeln, dabei die Stielansätze entfernen.

3 Zwiebel schälen. Chilischote längs aufschneiden, entkernen und waschen. Zwiebel und Chili fein hacken. Koriander waschen, trocken schütteln und hacken. Mit Zwiebel, Chili, Melone und Tomaten mischen. Salsa mit Salz würzen und mit dem restlichen Öl beträufeln.

4 Die Steaks auf dem Grill oder in einer Grillpfanne auf jeder Seite 2–5 Min. grillen. Mit der Salsa servieren.

SCHLANK-TIPP **Sie können auch fertig marinierte Steaks kaufen. Achten Sie dabei auf mageres Fleisch – meist versteckt sich unter der Marinade fettes Nacken- oder Bauchfleisch!**

MILCHREIS MIT MELONE

ZUTATEN FÜR 2 PORTIONEN
1 Stück Vanilleschote (ca. 2 cm)
1 grüne Kardamomkapsel
100 g Vollkorn-Basmatireis
1 Prise Salz
100 ml Kondensmilch (4 % Fett)
500 g Melone (z. B. Charentais)
20 g ungeschälte Mandeln

ZUBEREITUNG 40 Min.
PRO PORTION 400 kcal
12 g EW, 8 g F, 70 g KH

1 Vanilleschote längs aufschlitzen. Kardamomkapsel anquetschen. Basmatireis, 200 ml Wasser, 1 Prise Salz, Vanilleschote und Kardamom in einem Topf aufkochen, dann zugedeckt bei kleiner Hitze in ca. 25 Min. ausquellen lassen. Vanilleschote und Kardamom entfernen. Das Mark aus der Vanilleschote kratzen und unter den Reis rühren. Kondensmilch unter den Reis rühren und in ca. 3 Min. einkochen lassen, dann alles abkühlen lassen.

2 Vor dem Servieren die Melone entkernen, schälen und klein würfeln. Die Hälfte der Melone pürieren, Püree und Würfel unter den Reis ziehen.

3 Die Mandeln hacken und in einer beschichteten Pfanne ohne Fett rösten, bis sie duften. Den Reis mit den Mandeln bestreuen und servieren.

SCHLANK-TIPP **Kondensmilch ist besser als ihr Ruf: Sie enthält etwa dreimal so viel Eiweiß und verdauungsanregenden Milchzucker wie Sahne, hat weniger Fett und dadurch nur ein Drittel der Kalorien.**

BEEREN-JOGHURT-TORTE

REICH AN BIOAKTIVSTOFFEN

ZUTATEN FÜR 1 SPRINGFORM (CA. 24 CM ∅, 8 STÜCKE)
150 g Buchweizen
80 g Zartbitterkuvertüre
400 g gemischte Beeren (z. B. Heidelbeeren, Himbeeren, Brombeeren)
3 reife Pfirsiche (oder 400 g Melone)
500 g Joghurt (1,5 % Fett)
100 g Sahne
2 Pck. Vanillezucker
2 Beutel Instant-Gelatine (ohne Kochen, für je 500 ml Flüssigkeit)

ZUBEREITUNG 50 Min. | Kühlen 3 Std.
PRO 2 STÜCKE 430 kcal
12 g EW, 13 g F, 63 g KH

1 Den Buchweizen in einer Pfanne ohne Fett rösten. Die Kuvertüre über dem heißen Wasserbad schmelzen lassen. Den Buchweizen bis auf 1 EL unterrühren. Für den Boden die Masse in die Form geben, mit einem Löffel andrücken und kalt stellen.

2 Die Beeren verlesen, waschen und abtropfen lassen. 200 g Beeren für die Deko beiseitelegen. Die Pfirsiche mit kochendem Wasser überbrühen und häuten. Das Fruchtfleisch fein pürieren (oder die Melone entkernen, schälen und pürieren). Den Joghurt unterrühren.

3 Sahne und Vanillezucker mit dem Handrührgerät steif schlagen. Gelatine unter die Joghurtcreme rühren. Sahne und 200 g Beeren unterziehen, die Masse in die Form geben und kalt stellen.

4 Sobald die Creme beginnt fest zu werden, die Torte mit den beiseitegelegten Beeren belegen. Die Torte ca. 3 Std. kalt stellen, bis sie schnittfest ist. Zum Servieren mit übrigem Buchweizen bestreuen und in 8 Stücke teilen.

PRAXIS-TIPP Durch das Rösten wird der Buchweizen gegart und bekommt eine nussige Konsistenz. Er kann dann wie Nüsse oder Krokant verwendet werden, ist aber viel kalorienärmer. Am intensivsten schmeckt die Torte zimmerwarm, dann kommen die zarten Beerenaromen am besten zur Geltung.

SCHLANK-TIPP Beeren sind Spitzenreiter im Ballaststoffgehalt. Die dunkelroten und -blauen Pflanzenfarbstoffe schützen Herz und Gefäße. Buchweizen enthält den Gerbstoff Rutin. Dieses stärkt die Blutgefäße. Zusammen mit der Zartbitterkuvertüre, die viele Bioaktivstoffe enthält, entsteht ein knackiger Tortenboden mit Gesundheitsplus.

HERBST

äpfel
birnen
ebereschen
feigen
hagebutten
holunderbeeren
maronen
pflaumen
preiselbeeren
quitten
schlehen
trauben
walnüsse
weintrauben
zwetschgen

brunnenkresse
koriandergrün
liebstöckel
petersilie
rosmarin
salbei
schnittlauch
thymian

fenchel
kartoffeln
knollensellerie
kohlrabi
kürbis
lauch
meerrettich
pastinaken
pilze
rettich
rote bete
rucola
stangenbohnen
steckrüben
topinambur
weißkohl
wirsing

DETOX MIT FENCHEL & FEIGE

Anethol und Fenchon in Fenchel regen Galle und Nieren an, die Feige den Darm: Entgiftung im Doppelpack! Für 1 Portion: 100 g Fenchelknolle mit Grün waschen, putzen und grob würfeln. 2 Feigen waschen und vierteln. Fenchel und Feigen mit 50 ml Wasser im Mixer fein pürieren, dann mit Wasser auf Trinkstärke verdünnen.

115 kcal, 4 g EW, 1 g F, 22 g KH

SMOOTHIES

DIE WICHTIGSTEN ZUTATEN IN DIESEN SMOOTHIES SIND IMMER DAS – MEIST GRÜNE-GEMÜSE UND KRÄUTER. BEIDES HAT DIE GRÖSSTE DICHTE AN WERTVOLLEN NÄHRSTOFFEN, ABER DADURCH OFT EIN HERBES ODER SOGAR BITTERES AROMA. FRÜCHTE SORGEN DESHALB NICHT NUR FÜR VITAMIN C, PEKTIN UND VIEL KALIUM, SONDERN AUCH FÜR DEN GUTEN GESCHMACK.

SALAT GEGEN HEISSHUNGER

Birne schmeckt zuckersüß, weil sie keine Säure enthält und punktet mit Ballaststoffen. Mit den Bitterstoffen von Salat und Salbei beruhigt das den Appetit. Für 1 Portion: 1 Birne waschen, vierteln und entkernen. 4–6 Salbeiblätter und 1–2 Handvoll Kopfsalatblätter waschen. Mit Birne und 50 ml Wasser im Mixer fein pürieren, dann mit Wasser auf Trinkstärke verdünnen.

110 kcal, 2 g EW, 1 g F, 25 g KH

ENDIVIE GEGEN DURCHHÄNGER

Traubenzucker ist der schnellste Energiebringer, Vanillearoma macht glücklich und die Bitterstoffe der Endivie regen an: Fitmacher pur. Für 1 Portion: 100 g blaue Trauben und 4–6 Blätter Endiviensalat waschen. Das Mark von 1 Stück Vanilleschote (ca. 2 cm) herauskratzen. Mit Endiviensalat, Trauben und 50 ml Wasser im Mixer fein pürieren, dann mit Wasser auf Trinkstärke verdünnen.

75 kcal, 2 g EW, 0 g F, 16 g KH

HILFT GEGEN SÜSSHUNGER

Wir schmecken eigentlich mit der Nase – und die wird bei diesen Aromen richtig zufrieden und glücklich! Für 2 Tassen Vanille-Gewürz-Tee: 1 TL gehackte Süßholzwurzel (Apotheke) und 2 grüne Kardamomkapseln im Mörser anstoßen, mit 1 Stück Vanilleschote (ca. 2 cm) in eine Kanne geben und mit 500 ml kochendem Wasser überbrühen, dann 10 Min. ziehen lassen. Den Tee durch ein Sieb gießen.

TEES

SÜSSE IN HONIG, ZUCKER ODER SIRUP LÄSST DEN BLUTZUCKERSPIEGEL BLITZARTIG ANSTEIGEN, GEFOLGT VON EINEM INSULINAUSSTOSS UND EINER SCHNELLEN UNTERZUCKERUNG: DAS MACHT ERST RECHT HUNGRIG. DESHALB SÜSSEN WIR DIE TEES NUR MIT STEVIABLÄTTERN, SÜSSHOLZ UND EINER KOMBINATION AUS NATÜRLICH SÜSSEN KRÄUTERN.

MACHT FIT UND WACH

Das Koffein in grünem Tee putscht nicht auf, sondern hat Langzeitwirkung und schmeckt sehr mild. Im Tee kann sich das anregende ätherische Öl des Rosmarins bestens entfalten. Für 2 Tassen: 1 TL grünen Tee und 1 kleinen Zweig Rosmarin mit 500 ml nicht mehr kochendem Wasser überbrühen und 5 Min. ziehen lassen. Den Tee abseihen. Wer es herb mag, kann ihn länger ziehen lassen.

ENTSPANNT UND BERUHIGT

Lavendel enthält ätherische Öle, die nachweislich entspannen und beruhigen – nicht nur als Duft, sondern auch als Getränk! Beerenblätter unterstützen die Wirkung. Für 2 Tassen Lavendel-Himbeerblätter-Tee: 1 Lavendelblütendolde (alternativ ½ TL getrockneter Lavendel) und 1 Handvoll Himbeer- oder Brombeerblätter mit 500 ml kochendem Wasser überbrühen. Den Tee 8 Min. ziehen lassen, dann den Lavendel und die Blätter entfernen.

HERBST-NUSS-MÜSLI

WÄRMT VON INNEN

ZUTATEN FÜR CA. 10 PORTIONEN:
100 g Nüsse (z. B. Walnuss- oder Haselnusskerne)
100 g Buchweizen
40 g kandierter Ingwer
50 g Cornflakes
PRO PORTION
1 milder Apfel (z. B. Cox Orange, Goldparmäne oder Jonagold)
100 g Naturjoghurt (1,5 % Fett)
3 EL Müslimix (ca. 30 g)

ZUBEREITUNG 10 Min.
PRO PORTION 305 kcal
7 g EW, 9 g F, 47 g KH

1 Die Nüsse grob hacken. Mit dem Buchweizen in einer beschichteten Pfanne rösten, bis sie duften. Dann in eine Schüssel geben.

2 Den kandierten Ingwer fein hacken, mit dem Buchweizen-Nuss-Mix und den Cornflakes mischen. Den Müslimix in einem Schraubglas aufbewahren.

3 Den Apfel waschen, vierteln, entkernen und mit Schale im Blitzhacker zerkleinern. Mit Joghurt und 3 EL Müslimix mischen.

SCHLANK-TIPP Buchweizen enthält besonders viel der seltenen Aminosäuren Lysin und Tryptophan – gut für Nerven und Laune. Rutin, ein Phenol, sorgt mit der ebenfalls enthaltenen Kieselsäure für straffes Gewebe. Buchweizen gilt in der chinesischen Medizin als wärmend. In Kombination mit Ingwer regt das Ihre Wärmeproduktion an – das verbrennt zusätzlich Kalorien und erleichtert den Übergang in die kalte Jahreszeit. Apfel bietet rundum Immunschutz – aber bitte mit Schale!

VARIANTE Brotfans essen 1 Scheibe Herbstbrot mit Aufstrich (siehe S. 86–89) und einen Apfel mit Schale. Wer's lieber süß mag, kann auch 1 Scheibe Brot mit süßem Belag (z. B. 2 TL Magerquark mit 1 TL Zuckerrübensirup oder 1 TL Tahin, Sesampaste, mit 1 TL Fruchtaufstrich) genießen.

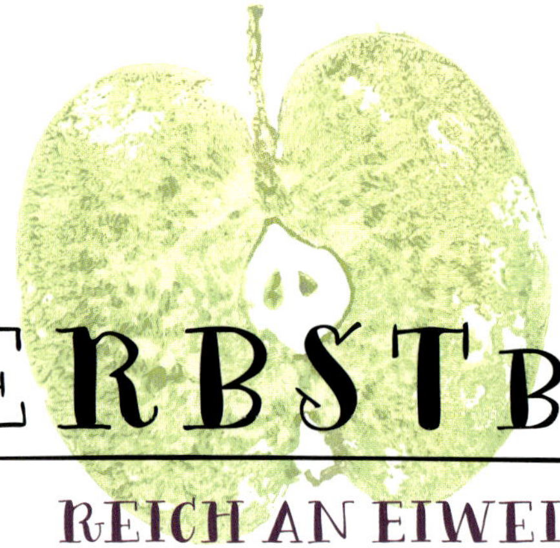

HERBSTBROT

REICH AN EIWEISS UND EISEN

ZUTATEN FÜR 1 KASTENFORM (11 × 30 CM, 25 SCHEIBEN)
1 TL Koriandersamen (ersatzweise Kümmel oder Schwarzkümmel)
100 g rote Linsen
500 g Vollkorn-Dinkelmehl
2 TL Salz
40 g Sesamsamen
40 g Leinsamen
2 Pck. Trockenhefe
2 Kochäpfel (z. B. Boskop)
Vollkorn-Dinkelmehl zum Bestäuben
1 TL Butter und Vollkorn-Dinkelmehl für die Form

ZUBEREITUNG 15 Min. | Gehen 1 Std. 30 Min. | Backen 1 Std.
PRO SCHEIBE 110 kcal
4 g EW, 2 g F, 17 g KH

1 Die Koriandersamen im Mörser anstoßen. Mit 300 ml Wasser und den Linsen in einem Topf aufkochen und in ca. 5 Min. bissfest garen. Dann in der Kochflüssigkeit ca. 5 Min. abkühlen lassen.

2 Mehl mit Salz, Sesamsamen, Leinsamen und Trockenhefe mischen. Die Äpfel waschen, abtrocknen und samt Schale grob reiben.

3 Den lauwarmen Linsenansatz und Apfelraspel zur Mehlmischung geben und mit 50–75 ml Wasser mit dem Handrührgerät zu einem weichen, aber formbaren Teig verkneten. Den Teig mit Mehl bestäuben und abgedeckt an einem warmen Ort etwa 1 Std. gehen lassen.

4 Die Form einfetten und mit Mehl ausstreuen. Den Teig noch einmal kneten, in die Form geben und weitere 30 Min. gehen lassen.

5 Im Backofen (Mitte) bei 180° (Umluft, ohne Vorheizen) ca. 40 Min. backen. Danach den Ofen abschalten und das Brot in der Resthitze weitere 20 Min. backen. Herausnehmen und kurz auskühlen lassen. Dann auf ein Kuchengitter stürzen und vollständig auskühlen lassen.

SCHLANK-TIPP **Linsen und Sesamsamen machen das Brot nicht nur saftig, sondern reichern es mit den Fatburnern Eiweiß und Eisen an. Koriander beugt Blähungen vor und streichelt den Magen. Apfel liefert mit Quercetin einen wichtigen Zellschutz, der vor allem in der Schale sitzt. Deshalb unbedingt mit verwenden! Nicht umsonst heißt es: »An apple a day ...«**

PRAXIS-TIPP **Das Brot hält 5 Tage. Möchten Sie es länger aufbewahren, im Kühlschrank lagern oder in Portionen einfrieren.**

KASSELER-CRANBERRY-CREME

ZUTATEN FÜR 4 PORTIONEN
20 g getrocknete Cranberrys
100 g gegartes Kasseler
Salz, Pfeffer
1 Prise Pimentpulver
1 TL Schmand

ZUBEREITUNG 20 Min.
PRO PORTION 50 kcal
5 g EW, 2 g F, 4 g KH

1 Die Cranberrys mit 40 ml kochendem Wasser überbrühen und ca. 15 Min. quellen lassen. Das Kasseler in Würfel schneiden.

2 Die Cranberrys samt Flüssigkeit und dem Kasseler im Mixer oder mit dem Pürierstab fein pürieren. Mit Salz, Pfeffer und Pimentpulver würzen. Den Schmand unterrühren.

SCHLANK-TIPP **Piment gehört zu den wärmenden Gewürzen, die den Stoffwechsel in der kalten Jahreszeit anregen. Wer mag, kann noch etwas Nelkenpulver zugeben.**
PRAXIS-TIPP **Die Creme ist im Kühlschrank mindestens 7 Tage haltbar.**

ZWIEBEL-SPECK-KARTOFFELKÄS

ZUTATEN FÜR 4 PORTIONEN
100 g mehligkochende Kartoffeln
Salz
1 kleine Zwiebel
40 g Bacon
1 TL weißer Aceto balsamico
Pfeffer

ZUBEREITUNG 30 Min.
PRO PORTION 50 kcal
2 g EW, 3 g F, 4 g KH

1 Kartoffeln mit Schale in kochendem Salzwasser in 25 Min. garen. Pellen und mit einer Gabel unter Zugabe von 1 EL Wasser zerdrücken.

2 Die Zwiebel schälen und fein würfeln. Den Bacon quer zur Faser in Streifen schneiden und in einer beschichteten Pfanne bei mittlerer Hitze auslassen. Die Zwiebelwürfel darin rösten, bis alles kräftig braun ist.

3 Speckzwiebeln unter die zerdrückte Kartoffel mischen, mit Essig und Pfeffer würzen.

SCHLANK-TIPP **Die Stärke in Kartoffeln verändert sich durch das Garen und anschließende Abkühlen in resistente Stärke – ein Ballaststoff.**
PRAXIS-TIPP **Der Aufstrich ist im Kühlschrank mindestens 5 Tage haltbar.**

ZWETSCHGENRÖSTER

ZUTATEN FÜR 4 PORTIONEN
300 g süße, reife Zwetschgen
½ Stange Zimt (oder 1 Prise Ceylonzimtpulver)

ZUBEREITUNG 1 Std.
PRO PORTION 30 kcal
1 g EW, 1 g F, 7 g KH

1 Die Zwetschgen waschen, halbieren und entsteinen.

2 Die Zwetschgen mit 1–2 EL Wasser und Zimt in einem Topf erwärmen. Dann bei kleiner Hitze in 30–60 Min. dick einkochen lassen, dabei ab und zu umrühren.

3 Den Zwetschgenröster in ein Schraubglas füllen, verschließen und abkühlen lassen.

SCHLANK-TIPP Weil dieser Brotaufstrich kalorienärmer ist als die anderen Aufstriche, ist sogar pro Portion noch 1 EL Magerquark oder ½ TL Butter als Unterlage drin.
PRAXIS-TIPP Im Kühlschrank ist das Mus mindestens 10 Tage haltbar.

MARONI-ESPRESSO-PASTE

ZUTATEN FÜR 4 PORTIONEN
2 TL Espressopulver
3 TL Carobpulver (Reformhaus)
1 TL Rohrzucker
80 g gegarte Maroni (vakuumverpackt)
1 Msp. gemahlene Vanille

ZUBEREITUNG 15 Min.
PRO PORTION 50 kcal
1 g EW, 0 g F, 11 g KH

1 Einen Espresso aus 50 ml Wasser und dem Espressopulver zubereiten. Das Carobpulver mit dem Zucker unterrühren.

2 Die Maroni mit dem heißen Espresso und der gemahlenen Vanille fein pürieren. Die Paste in ein Schraubglas füllen und kalt stellen.

SCHLANK-TIPP Carob und Maroni sind milde Gaumenschmeichler mit reichlich Ballaststoffen: Süße, die nicht süchtig macht.
PRAXIS-TIPP Im Kühlschrank ist die Paste mindestens 10 Tage haltbar. Die Maroni können Sie auch frisch zubereiten (siehe Praxis-Tipp S. 125)

RÜBEN-SAMTSUPPE

REICH AN INULIN

ZUTATEN FÜR 4 PORTIONEN
600 g Rüben (z. B. Pastinaken, Topinambur, Steckrüben)
3 EL Rapsöl
500 ml Gemüsebrühe
2–3 Zwiebeln
50 g Kerne-Mix (z. B. Sonnenblumenkerne, Kürbiskerne, Pinienkerne)
100 g Cabanossi
100 g Schmand
1–2 EL scharfer Senf
Salz, Pfeffer

ZUBEREITUNG 35 Min.
PRO PORTION 400 kcal
10 g EW, 33 g F, 15 g KH

1 Die Rüben schälen und in ca. 1 cm große Würfel schneiden.

2 1 EL Öl in einem großen Topf erhitzen, die Rübenwürfel darin bei mittlerer Hitze 3–4 Min. anbraten, bis sie leicht braun werden. Mit Brühe aufgießen, aufkochen und zugedeckt bei kleiner Hitze 10–15 Min. köcheln, bis die Rüben weich sind.

3 Inzwischen die Zwiebeln schälen und würfeln. Das restliche Öl in einer beschichteten Pfanne erhitzen, die Zwiebeln darin glasig dünsten. Den Kerne-Mix zugeben und alles leicht bräunen. Vorsicht, die Kerne verbrennen schnell!

4 Die Cabanossi in dünne Scheiben schneiden. Die Suppe mit Schmand und Senf pürieren und mit Salz und Pfeffer kräftig abschmecken, nach Wunsch noch mit etwas Wasser verdünnen. Die Suppe erwärmen und die Cabanossi darin heiß werden lassen.

5 Die Suppe auf tiefe Teller verteilen und mit dem gerösteten Zwiebel-Kerne-Mix bestreut servieren.

PRAXIS-TIPP **Wer die vegetarische Alternative bevorzugt, nimmt statt der Cabanossi 200 g Räuchertofu und 30 g Kerne zusätzlich. Die Suppe hält sich im Kühlschrank mindestens 3 Tage.**

SCHLANK-TIPP **Inulin ist ein Ballaststoff, der prebiotisch wirkt: Er gelangt unverdaut in den Enddarm und wird dort von Bakterien zu heilsamen kurzkettigen Fettsäuren abgebaut. Das tut nicht nur der Figur, sondern auch den Abwehrkräften gut!**

CHAMPIGNONS SIND NICHT NUR REICH AN EIWEISS, SONDERN AUCH AM SONNENVITAMIN D, DAS IN DER KALTEN JAHRESZEIT KNAPP WIRD. DESHALB SIND SIE IDEALE HERBSTKOST. ABER AUCH SELBST GESAMMELTE WALDPILZE BRINGEN DEN STOFFWECHSEL AUF TOUREN. **KRÄUTERSEITLINGE** SIND SEHR REICH AN EIWEISS UND BALLASTSTOFFEN.

CHAMPIGNONPASTA MIT KÄSE

ZUTATEN FÜR 2 PORTIONEN
500 g Pilze (z. B. Champignons, Kräuterseitlinge, Shiitake, Steinpilze)
1 Bund Frühlingszwiebeln
1 Bio-Zitrone
Salz, schwarzer Pfeffer
1–2 TL dunkle Sojasauce
1 Zweig Thymian, 50 g Rucola
40 g Hartkäse (z. B. Grana Padano)
100 g Mie-Nudeln
1 EL Olivenöl

ZUBEREITUNG 30 Min.
PRO PORTION 410 kcal
25 g EW, 13 g F, 48 g KH

1 Pilze putzen, mit Küchenpapier abreiben und je nach Größe halbieren oder vierteln.

2 Frühlingszwiebeln putzen, waschen und in feine Ringe schneiden. Zitrone heiß waschen und abtrocknen, die Schale abreiben und den Saft auspressen.

3 Zitronensaft mit Wasser auf 150 ml auffüllen. In einem mittelgroßen Topf mit Zitronenschale, Salz, Pfeffer, einigen Spritzern Sojasauce und Thymian aufkochen. Die Hälfte der Pilze zugeben und aufkochen, dann zugedeckt bei kleiner Hitze 2 Min. simmern lassen. Die Pilze mit einem Schaumlöffel herausheben. Übrige Pilze ebenso garen.

4 Rucola waschen, abtropfen lassen und grob hacken. Käse reiben.

5 Frühlingszwiebeln, Mie-Nudeln und Pilze in den Zitronen-Pilzsud geben. 50 ml Wasser zugeben, aufkochen und die Nudeln 2–3 Min. ziehen lassen. Mit Sojasauce abschmecken.

6 Rucola unter die Nudeln ziehen. Pasta anrichten, mit Öl beträufeln und mit Käse bestreuen.

MARINIERTE ZITRONENPILZE

ZUTATEN FÜR 2 PORTIONEN
500 g Pilze (z. B. Champignons, Kräuterseitlinge, Shiitake, Steinpilze)
1 Bund Frühlingszwiebeln
2 Bio-Zitronen
Salz, schwarzer Pfeffer
1–2 TL dunkle Sojasauce
1 Zweig Thymian
30 g Walnusskerne, 1 EL Olivenöl
2 Scheiben Herbstbrot (siehe S. 86)
2 Scheiben Parmaschinken

ZUBEREITUNG 20 Min. | Kühlen 15 Min.
PRO PORTION 405 kcal
22 g EW, 22 g F, 31 g KH

1 Die Zutaten von Pilze bis Thymian wie im Rezept oben (bis einschließlich Schritt 3) beschrieben zubereiten, aber nur 1 Zitrone verwenden.

2 Die Walnusskerne grob zerkleinern, mit Frühlingszwiebeln, Pilzen und Öl in den Zitronensud geben. Den Saft der übrigen Zitrone auspressen und unter den Zitronensud rühren. Die Zitronenpilze mit Salz und Pfeffer abschmecken und kalt stellen.

3 Die Herbstbrotscheiben oder anderes Brot mit Parmaschinken belegen und zu den marinierten Pilzen essen.

PRAXIS-TIPP **Die Pilze halten sich im Kühlschrank bis zu 1 Woche und werden mit der Zeit immer besser. Bei Bedarf nachwürzen. Sie können daraus mit frischem Kopfsalat einen herbstlichen Salatteller mixen. Wer die Frühlingszwiebeln lieber etwas milder mag, lässt sie im Zitronen-Pilzsud einmal aufkochen.**

PASTINAKEN SIND MILD UND REICH AN DEM BALLASTSTOFF INULIN UND ÄTHERISCHEN ÖLEN, DIE SANFT STIMULIEREN. DESHALB SIND SIE AUCH SO BELIEBT IN DER BABYKOST. CURRY, TAMARINDE UND KORIANDER VERSTÄRKEN DIE WOHLTUENDE WIRKUNG UND SORGEN FÜR WÜRZE.

PASTINAKEN-CURRY

ZUTATEN FÜR 2 PORTIONEN
500 g Pastinaken
1 Knoblauchzehe
1 Zwiebel
200 g Hähnchenbrustfilet
1 EL Currypulver
1 EL Rapsöl
80 g rote Linsen
1 Msp. Tamarindenpaste (oder 3 EL Zitronensaft)
Salz, Chilipulver
1 Bund Koriandergrün

ZUBEREITUNG 30 Min.
PRO PORTION 420 kcal
37 g EW, 7 g F, 51 g KH

1 Die Pastinaken waschen, schälen und in ca. 1 cm große Würfel schneiden. Knoblauch und Zwiebel schälen und beides fein hacken. Hähnchenbrustfilet in dem Currypulver wenden.

2 Das Öl in einem Topf erhitzen, das Fleisch darin rundherum ca. 5 Min. anbraten, dann herausnehmen. Zwiebel und Knoblauch ins Bratfett geben und bei kleiner Hitze glasig dünsten.

3 Mit 300 ml Wasser aufgießen. Pastinakenwürfel, Linsen und Tamarindenpaste zugeben. Mit Salz und Chilipulver würzen. Hähnchenbrustfilet darauflegen, alles aufkochen und zugedeckt in 10 Min. garen.

4 Koriandergrün waschen und trocken schütteln, Blätter und Stiele hacken. Das Fleisch herausheben und in Scheiben schneiden. Das Gemüse mit Salz und Chilipulver abschmecken, nach Bedarf etwas Wasser unterrühren. Mit Hähnchenscheiben und Koriander anrichten.

SCHLANK-TIPP **Pastinaken waren vor der Entdeckung der Kartoffel bei uns Grundnahrungsmittel. Doch sie haben 20 % weniger Kalorien und ein großer Teil ihrer Kohlenhydrate liegen als Ballaststoff Inulin vor: Gut für Figur und Verdauung und ein echter Sattmacher.**

PASTINAKEN-BIRNEN-SALAT

ZUTATEN FÜR 2 PORTIONEN
150 g Joghurt (1,5 % Fett)
3 EL Zitronensaft
3 EL naturtrüber Apfelsaft
1 EL Rapsöl
1 TL rote Currypaste
Salz
200 g Pastinaken
1 Birne
½ Kopf Endiviensalat
50 g gehobelter Tête de Moine
2 Scheiben Herbstbrot (siehe S. 86) oder anderes Brot

ZUBEREITUNG 25 Min.
PRO PORTION 420 kcal
18 g EW, 17 g F, 46 g KH

1 Aus Joghurt, Zitronen- und Apfelsaft, Öl, Currypaste und Salz ein pikantes Dressing rühren.

2 Die Pastinaken waschen und schälen. Die Birne waschen und abtrocknen. Pastinaken und Birne mit Schale auf einer mittelgroben Reibe direkt ins Dressing raspeln.

3 Den Endiviensalat putzen, waschen, trocken schleudern und in sehr feine Streifen schneiden. Den Salat unter die Pastinaken-Birnen-Raspel mischen und mit Salz würzig abschmecken. Mit dem gehobelten Käse anrichten und mit je 1 Scheibe Brot essen.

PRAXIS-TIPP **Pastinake und Birne verfärben sich schnell – deshalb sofort mit dem Dressing mischen.**

VARIANTEN **Petersilienwurzeln und Topinambur haben eine ähnliche Nährstoffzusammensetzung, schmecken aber würziger bzw. nussiger – sie können in beiden Rezepten die Pastinaken ersetzen.**

ROTE BETE UNTERSTÜTZT MIT IHREM NÄHRSTOFFMIX DIE ENTGIFTUNGSPROZESSE DES KÖRPERS. IHR BETAIN REGT LEBER UND GALLE AN, KALIUM SCHWEMMT AUS UND RUTIN STÄRKT DIE GEFÄSSE. DIE BLÄTTER SIND ÜBRIGENS KÖSTLICH UND NOCH VITAMINREICHER ALS DIE KNOLLE! DIE WERTVOLLEN OMEGA-3-FETTSÄUREN AUS DEM FISCH SIND DIE IDEALE ERGÄNZUNG.

ROTE BETE MIT LACHSTATAR

ZUTATEN FÜR 2 PORTIONEN
600 g kleine Rote Bete
200 g Lachsfilet
1 Bio-Zitrone
Salz, Pfeffer
1 Kästchen Gartenkresse
1 Stück Meerrettich (ca. 3 cm, oder 1–2 EL Meerrettich aus dem Glas)
100 g saure Sahne

ZUBEREITUNG 1 Std. 10 Min.
PRO PORTION 405 kcal
26 g EW, 21 g F, 28 g KH

1 Die Rote Beten waschen, auf ein Backblech legen und im Backofen bei 180° (Umluft, ohne Vorheizen) in ca. 1 Std. garen. Die Rote Beten herausnehmen, kalt abschrecken und pellen.

2 Inzwischen den Lachs kalt abbrausen, trocken tupfen und in kleine Würfel schneiden, dabei bei Bedarf die Haut entfernen. Zitrone heiß waschen und abtrocknen, die Schale abreiben und den Saft auspressen. 2 EL Saft und die Schale zum Lachs geben. Tatar salzen und pfeffern. Kresse waschen, vom Beet schneiden und unterrühren. Das Tatar kalt stellen.

3 Den Meerrettich schälen und fein reiben oder im Blitzhacker pürieren. Mit der sauren Sahne, Salz und Pfeffer verrühren.

4 Die Rote Beten vierteln, mit Lachstatar und Meerrettichcreme servieren.

VARIANTE **Fischmuffel können statt Lachstatar auch 200 g fettarme Wiener Würstchen essen – mit Senf natürlich!**
PRAXIS-TIPP **Wer's eilig hat: Die Rote Bete im Schnellkochtopf (Stufe 2) in nur 20 Minuten garen. Oder gegarte vakuumverpackte verwenden. Am besten gleich die Rote Bete für den Salat mitgaren.**

ROTE-BETE-SALAT MIT MATJES

ZUTATEN FÜR 2 PORTIONEN
500 g Rote Bete
125 g Matjesfilet in Öl
1 kleine Zwiebel
1 kleiner Apfel (z. B. Boskop)
150 g Joghurt (1,5 % Fett)
1 EL Kapern
Salz, Pfeffer
2 Scheiben Knäckebrot

ZUBEREITUNG 70 Min.
PRO PORTION 410 kcal
15 g EW, 19 g F, 44 g KH

1 Die Rote Beten wie im Rezept oben in Schritt 1 beschrieben zubereiten und abkühlen lassen.

2 Matjes abtupfen und in ca. 1 cm große Würfel schneiden. Die Zwiebel schälen und fein hacken. Den Apfel waschen und samt Schale grob raspeln.

3 Die Rote Bete ca. 1 cm groß würfeln. Die Rote-Bete-Würfel mit Zwiebel, Apfel und Matjes unter den Joghurt ziehen. Die Kapern hacken und untermischen. Den Salat mit Salz und Pfeffer würzen.

4 Den Salat anrichten und mit je 1 Scheibe Knäckebrot servieren.

PRAXIS-TIPP **Im Herbst werden die Rote Beten meist ohne Blätter angeboten. Wenn Sie doch welche ergattern: in feine Streifen schneiden und unter den Salat oder den Lachs ziehen.**
VARIANTE **Statt Kapern passen auch geriebener Meerrettich oder Ingwer. Statt Brot können Sie 2 Reiswaffeln pro Person dazu knabbern. Und wer keinen Matjes mag, verwendet 200 g Kasseler in kleinen Würfeln. Gehackte glatte Petersilie ist ebenfalls eine gute Ergänzung.**

WEISSKOHL IST EIN KLASSIKER DER KALTEN JAHRESZEIT UND ENTHÄLT VIEL VITAMIN C, BIOAKTIV- UND MINERALSTOFFE. WENN ER MIT PIKANTEN GEWÜRZEN FRISCH ZUBEREITET WIRD, STEIGT SEINE VERTRÄGLICHKEIT. EMPFINDLICHE KÖNNEN AUCH SPITZKOHL VERWENDEN! **ERDNÜSSE** ZÄHLEN ZU DEN HÜLSENFRÜCHTEN, DESHALB IST IHR EIWEISSGEHALT BESONDERS HOCH.

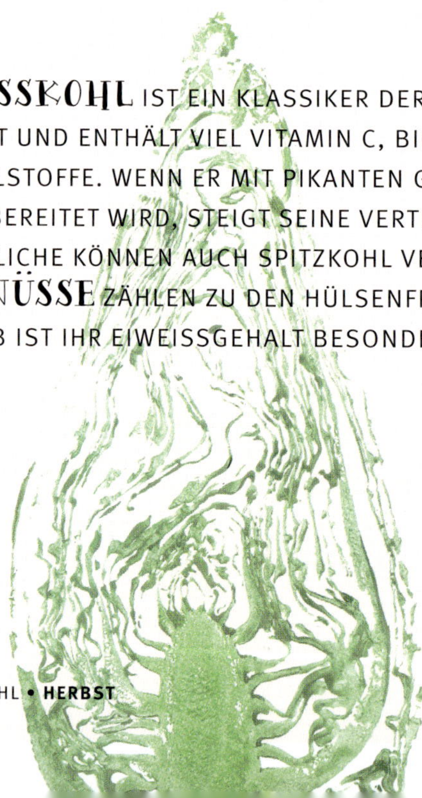

KRAUTNUDELN MIT SCHINKEN

ZUTATEN FÜR 2 PORTIONEN
600 g Weißkohl
1 Zwiebel
20 g getrocknete Tomaten (3–4 Stück)
100 g Vollkorn-Bandnudeln
Salz
2 EL Rapsöl
1 TL edelsüßes Paprikapulver
1 EL Tomatenmark
100 g magere rohe Schinkenwürfel

ZUBEREITUNG 40 Min.
PRO PORTION 395 kcal
23 g EW, 13 g F, 46 g KH

1 Den Weißkohl waschen, putzen, vom Strunk befreien und mit einem großen Messer oder auf dem Hobel in schmale Streifen schneiden. Die Zwiebel schälen und fein würfeln. Die getrockneten Tomaten fein hacken.

2 Die Nudeln in reichlich kochendem Salzwasser in etwa 10 Min. bissfest garen. Dann abgießen, dabei das Kochwasser auffangen.

3 Das Öl in einer hohen Pfanne erhitzen, Zwiebelwürfel und Paprikapulver darin glasig dünsten. Tomatenmark, Schinken- und Tomatenwürfel zusammen mit dem Kraut zugeben und 2–3 Min. andünsten. Ca. 200 ml Nudelwasser angießen und zugedeckt bei kleiner Hitze ca. 15 Min. schmoren lassen. Wenn es droht, am Topfboden anzusetzen, noch etwas Wasser zugießen.

4 Die Nudeln unter das Kraut mischen und so viel Nudelwasser zugeben, dass die Krautnudeln saftig sind.

SCHLANK-TIPP **Nudeln, die bissfest sind, machen länger satt und halten den Blutzucker ausgeglichen. Also lieber etwas kürzer garen!**

KRAUTSALAT ASIATISCH

ZUTATEN FÜR 2 PORTIONEN
300 g Weißkohl
1 rote Paprikaschote
2–3 Frühlingszwiebeln
2 EL Rapsöl
100 ml Gemüsebrühe
1 Stück Ingwer (ca. 3 cm)
Salz, Pfeffer
5-Gewürze-Pulver
1–2 EL Weißweinessig
40 g geröstete gesalzene Erdnüsse
2 Scheiben Herbstbrot (siehe S. 86)

ZUBEREITUNG 30 Min.
PRO PORTION 400 kcal
14 g EW, 23 g F, 34 g KH

1 Den Weißkohl waschen, putzen, den Strunk entfernen und den Kohl in schmale Streifen schneiden oder hobeln. Die Paprikaschote halbieren, putzen, waschen und in feine Würfel schneiden. Die Frühlingszwiebeln putzen, waschen und in feine Ringe schneiden.

2 Das Öl erhitzen, Frühlingszwiebeln und Paprikawürfel darin ca. 5 Min. andünsten, dann mit der Brühe ablöschen. Den heißen Zwiebel-Paprika-Mix mit dem Weißkraut mischen.

3 Den Ingwer schälen, in kleine Stücke schneiden und mit einer Knoblauchpresse zum Salat drücken. Den Salat mit Salz, Pfeffer, 5-Gewürze-Pulver und Essig abschmecken.

4 Die Erdnüsse grob hacken und unter den Salat ziehen. Den Salat mit je 1 Scheibe Herbstbrot oder anderem Brot genießen.

SCHLANK-TIPP **Wer auf Brot verzichtet, kann die doppelte Menge Erdnüsse nehmen: dann steigt der Eiweißgehalt und der Gehalt an Kohlenhydraten sinkt.**
VARIANTE **Statt Brot können Sie alternativ auch 4 Reiswaffeln pro Person zum Krautsalat knabbern.**

KNOLLENSELLERIE IST EINE STARKE WAFFE GEGEN ÖDEME, HOHEN BLUTDRUCK, DIABETES UND ÜBERGEWICHT. SEINE ÄTHERISCHEN ÖLE TRAGEN ZUM WÜRZIGEN GESCHMACK IN RICHTUNG »UMAMI« BEI. GERADE FÜR VEGANER EINE TOLLE SPEISEPLANERGÄNZUNG. AUCH HIER SIND BLÄTTER UND STIELE ESSBAR UND BESONDERS WERTVOLL – ÄHNLICH WIE BEI STAUDENSELLERIE.

HÄHNCHENSTEAK MIT CURRY-SELLERIE-PÜREE

ZUTATEN FÜR 2 PORTIONEN
1 Knollensellerie (ca. 500 g)
1 Stange Lauch (ca. 300 g)
2 EL Rapsöl
1 EL Currypulver
300 g Hähnchensteak aus der Brust
Salz, Pfeffer
1 TL Kurkumapulver
2 EL Schmand

ZUBEREITUNG 40 Min. | Garen 25 Min.
PRO PORTION 420 kcal
43 g EW, 22 g F, 13 g KH

1 Sellerie waschen und mit Schale in wenig Wasser in etwa 30 Min. (im Schnellkochtopf Stufe 1 in ca. 5 Min.) garen. Sellerie herausnehmen, kalt abschrecken und abkühlen lassen. Lauch putzen, seitlich aufschlitzen, gründlich waschen und in Streifen schneiden. Sellerie schälen und grob würfeln.

2 1 EL Öl in einer Pfanne erhitzen, Lauch, Sellerie und Currypulver darin 1–2 Min. andünsten. Zugedeckt bei mittlerer Hitze ca. 10 Min. garen, nach Bedarf etwas Wasser zugeben. Danach offen 3–4 Min. einkochen lassen.

3 Inzwischen die Steaks mit Salz und Pfeffer würzen und in Kurkuma wenden. 1 EL Öl in einer beschichteten Pfanne erhitzen, die Steaks darin unter gelegentlichem Wenden in 5–10 Min. goldbraun braten. Herausnehmen, in Alufolie wickeln und ruhen lassen.

4 Sellerie-Lauch-Gemüse pürieren, dabei Schmand und Fleischsaft aus der Folie zugeben, salzen und pfeffern. Mit den Steaks servieren.

PRAXIS-TIPP **Sellerie für den Salat gleich mitkochen. Dafür sollte er bissfest sein – fürs Püree muss er weicher sein und deshalb nachgaren.**
SCHLANK-TIPP **Das Gericht ist sehr eiweißreich, weil hier das Gemüsepüree die Sättigungsbeilage ersetzt.**

WALDORFSALAT IM WRAP

ZUTATEN FÜR 2 PORTIONEN
1 Knollensellerie (500 g)
1 roter Apfel (ca. 200 g)
30 g Walnusskerne
3 EL Schmand, 2 EL Zitronensaft
2 EL Berberitzen (frisch oder getrocknet)
Salz, Pfeffer
einige Blätter Endiviensalat
2 große, dünne Wrap-Fladen (Fertigprodukt)

ZUBEREITUNG 40 Min. | Garen 15 Min.
PRO PORTION 420 kcal
10 g EW, 22 g F, 43 g KH

1 Sellerie waschen und wie im Rezept oben (Schritt 1) vorbereiten. Apfel waschen. Beides grob raspeln. Walnusskerne hacken.

2 Schmand mit Zitronensaft glatt rühren. Walnüsse, Berberitzen, Apfel- und Sellerieraspel untermischen und mit Salz und Pfeffer würzen. Endiviensalat putzen, waschen und trocken schleudern.

3 Die Wraps mit Salatblättern belegen, Waldorfsalat darauf verteilen und die Seiten knapp einschlagen. Die Wraps eng aufrollen, in Folie wickeln und kalt stellen. Zum Essen schräg halbieren.

PRAXIS-TIPP **Fertige Wraps gibt es auch aus Vollkornmehl. Für selbst gemachte Wraps 80 g Weizenmehl (Type 1700), 80–120 ml Wasser und Salz verkneten, in Frischhaltefolie mindestens 15 Min. ruhen lassen. Teig halbieren, jeweils zu einem dünnen Fladen ausrollen. In einer großen Pfanne ohne Fett von beiden Seiten kurz backen. Sofort aufrollen, in Alufolie abkühlen lassen und wie oben beschrieben füllen.**

KÜRBIS – VOR ALLEM DER KLEINE, FESTE HOKKAIDO – IST EINE KAROTIN-BOMBE, SCHÜTZT DIE ZELLEN UND VOR ALLEM DIE HAUT. ÜBERTROFFEN WIRD ER IN SEINER GESUNDHEITSWIRKUNG NOCH VON SEINEN KERNEN, DIE REICH AN ZINK, EISEN UND EIWEISS SIND – EIN TRAUMPAAR! VOR ALLEM SIND SIE SANFT ZUM VERDAUUNGSSYSTEM UND VERURSACHEN KEINE BLÄHUNGEN.

KÜRBISSPALTEN MIT LIPTAUER QUARK

ZUTATEN FÜR 2 PORTIONEN
1 Hokkaido-Kürbis (800–1000 g)
Salz, Pfeffer
100 g Bacon in Scheiben
1 rote Paprikaschote
1 kleine Zwiebel
1 kleine Knoblauchzehe
250 g Magerquark
2 EL Sahne
1 TL Tomatenmark
2 TL edelsüßes Paprikapulver

ZUBEREITUNG 45 Min.
PRO PORTION 410 kcal
31 g EW, 17 g F, 32 g KH

1 Ein Backblech mit Backpapier auslegen. Den Kürbis waschen, halbieren und entkernen. Ungeschält in ca. 2 cm breite Spalten schneiden und auf das Blech legen, salzen und pfeffern. Im Ofen (Mitte) bei 200° (Umluft, ohne Vorheizen) zunächst 10 Min. backen. Die Kürbisspalten wenden und den Bacon quer darüberlegen. Kürbis weitere 15–20 Min. garen.

2 Inzwischen die Paprikaschote halbieren, putzen, waschen und in feine Würfel schneiden. Zwiebel und Knoblauch schälen und beides fein hacken. Den Quark mit Sahne, Tomatenmark, Paprikawürfeln, Zwiebeln und Knoblauch verrühren. Den Quark kräftig mit Paprikapulver, Pfeffer und Salz würzen. Den Liptauer Quark extra zu den Kürbisspalten reichen.

PRAXIS-TIPP **Gleich die doppelte Menge Kürbis für den Salat zubereiten und eine Hälfte für den Salat aufheben.**
VARIANTE **Veggies können den Bacon (Frühstücksspeck) durch 60 g Kürbiskerne ersetzen.**

SALAT MIT KÜRBISSPALTEN

ZUTATEN FÜR 2 PORTIONEN
1 Hokkaido-Kürbis (800-1000 g)
Salz, Pfeffer
60 g Kürbiskerne
100 g Rucola
30 g in Öl eingelegte getrocknete Tomaten (5 Stück)
2 EL Olivenöl (oder Einlegeöl der Tomaten)
2 EL weißer Aceto balsamico

ZUBEREITUNG 45 Min.
PRO PORTION 420 kcal
18 g EW, 26 g F, 27 g KH

1 Den Kürbis wie im Rezept oben (Schritt 1) zubereiten. Nach 10 Min. nicht mit Bacon belegen, sondern mit Kürbiskernen bestreuen.

2 Den Rucola waschen, verlesen und trocken schleudern. Die Tomaten abtropfen lassen und in Streifen schneiden. Aus Öl, Essig, Salz und Pfeffer ein Dressing rühren.

3 Den Rucolasalat auf Tellern anrichten. Die Kürbisspalten mit den Kürbiskernen darauflegen und mit dem Dressing beträufeln. Mit Tomatenstreifen bestreut servieren.

PRAXIS-TIPP **Sie können den Salat lauwarm oder kalt genießen. Wenn Sie Zeit sparen möchten, bereiten Sie beim ersten Rezept gleich die doppelte Menge Kürbis zu und genießen den Salat kalt. Zum Mitnehmen Rucola über Kürbis und Dressing streuen und erst vor dem Essen mischen.**
VARIANTE **150 g fettarme Fetawürfel schmecken noch würziger als Kürbiskerne!**

LAUCH ODER PORREE IST DIE SANFTESTE ALLER ZWIEBELN – ABER STARK IN DER WIRKUNG: ER IST EIN MUNTERMACHER UND REGT ALLE ENTGIFTUNGSORGANE AN, WIRKT ZELLVERJÜNGEND UND REGENERIEREND. CHILI UND THYMIAN MACHEN IHN LEICHTER VERDAULICH. KNOBLAUCH ENTHÄLT NOCH MEHR ALLICIN, DAS DEN ZWIEBELGEWÄCHSEN AROMA GIBT, UND VERSTÄRKT DADURCH DIE WOHLTUENDE WIRKUNG DES LAUCHS.

LAUCH-SPAGHETTI MIT GESCHNETZELTEM

ZUTATEN FÜR 2 PORTIONEN
2 Stangen Lauch (ca. 600 g)
1 rote Chilischote
1–2 Knoblauchzehen
Salz
100 g Vollkorn-Spaghetti
150 g mageres Schweinefleisch (z. B. Filet oder Rücken)
1 TL Speisestärke
1 EL Rapsöl
50 ml Apfelsaft

ZUBEREITUNG 40 Min.
PRO PORTION 405 kcal
29 g EW, 11 g F, 45 g KH

1 Lauch putzen, seitlich aufschlitzen, gründlich waschen und längs in schmale Streifen schneiden. Chilischote längs aufschneiden, entkernen, waschen und in feine Würfel schneiden. Knoblauch schälen und fein hacken.

2 Reichlich Wasser in einem Topf aufkochen und salzen. Spaghetti darin nach Packungsanweisung bissfest garen. Ca. 5 Min. vor dem Ende der Garzeit die Lauchstreifen zugeben. Nudeln und Lauch abgießen, dabei etwas Nudelwasser auffangen.

3 Inzwischen das Fleisch quer zur Faser in dünne Streifen schneiden. Die Stärke darüberstäuben und einmassieren. Öl in einer großen Pfanne oder einem Wok erhitzen. Fleisch, Knoblauch und Chili dazugeben und unter Rühren in 6–8 Min. braun braten, dabei salzen.

4 Mit Apfelsaft ablöschen, Lauchspaghetti unterziehen und bei Bedarf etwas Nudelwasser zufügen. Mit Salz abschmecken und servieren.

SCHLANK-TIPP **Wer statt Vollkorn- Sojanudeln verwendet, macht das Gericht eiweißreicher.**

MARINIERTER PAPRIKALAUCH

ZUTATEN FÜR 2 PORTIONEN
1 dicke Stange Lauch (ca. 400 g)
1 rote Paprikaschote
2 Knoblauchzehen
1 Zitrone
1 EL Olivenöl
100 ml trockener Weißwein
2–3 Zweige Thymian
Salz, Pfeffer
125 g Mini-Mozzarella
2 Scheiben Herbstbrot (siehe S. 86)

ZUBEREITUNG 30 Min. | Kühlen über Nacht
PRO PORTION 410 kcal
21 g EW, 20 g F, 28 g KH

1 Lauch putzen, seitlich aufschlitzen, gründlich waschen und quer in ca. 4 cm breite Stücke schneiden. Paprikaschote halbieren, putzen, waschen und in feine Streifen schneiden. Knoblauch schälen und in dünne Scheiben schneiden. Den Saft der Zitrone auspressen.

2 Das Öl in einer beschichteten Pfanne erhitzen. Lauch und Paprikaschote darin unter Rühren so lange braten, bis sie bräunen. Mit Wein und 100 ml Wasser ablöschen, Thymian und Knoblauch zugeben. Alles zugedeckt bei kleiner Hitze ca. 10 Min. köcheln, dann im Sud abkühlen lassen. Paprikalauch mit Salz, Pfeffer und dem Zitronensaft kräftig abschmecken und über Nacht im Kühlschrank ziehen lassen.

3 Am nächsten Tag den Mozzarella zugeben und bis zum Essen ziehen lassen. Je 1 Scheibe Herbstbrot oder anderes Brot dazu reichen.

PRAXIS-TIPP **Eine gute Idee für den Vorrat oder fürs Büro: Im Kühlschrank bleibt der marinierte Lauch 2–3 Tage frisch.**

EIN **APFEL** AM TAG MACHT TATSÄCHLICH FIT. ES IST NICHT DAS VITAMIN C, SONDERN DER BIOAKTIVSTOFF QUERCETIN, DEM WIR DAS VERDANKEN: ER WIRKT WIE VITAMIN C, IST ABER IN DER 50-FACHEN MENGE IM APFEL ENTHALTEN. ALLERDINGS NUR, WENN DIE SCHALE MITGEGESSEN WIRD. DARIN IST AUCH BESONDERS VIEL VOM SATTMACHER PEKTIN ENTHALTEN.

KASSELER MIT BRATAPFEL UND KARTOFFELN

ZUTATEN FÜR 2 PORTIONEN
2 große Äpfel (z. B. Boskop)
200 g festkochende Kartoffeln
2 Zwiebeln
1 EL Rapsöl
2 Scheiben gegartes Kasseler (à 150 g)
1 TL getrockneter Thymian
Salz, Pfeffer
1 EL Dijon-Senf

ZUBEREITUNG 30 Min.
PRO PORTION 425 kcal
31 g EW, 12 g F, 48 g KH

1 Äpfel waschen und in eine kleine Auflaufform geben. Im Ofen (Mitte) bei 180° (Umluft, ohne Vorheizen) in ca. 25 Min. garen.

2 Inzwischen Kartoffeln und Zwiebeln schälen. Zwiebeln halbieren und in feine Streifen schneiden. Kartoffeln in dünne Scheiben hobeln.

3 Öl in einer beschichteten Pfanne erhitzen, das Kasseler mit dem Thymian darin von beiden Seiten ca. 5 Min. leicht anbraten, dann herausheben und in Alufolie gewickelt warm halten. Zwiebeln und Kartoffeln im Kasselerbratensatz andünsten, salzen und pfeffern und unter Rühren 8–10 Min. braten, bis sie bräunen. Etwas Wasser zugeben und die Kartoffeln zugedeckt bei mittlerer Hitze in ca. 5 Min. garen.

4 Die Bratäpfel herausnehmen und das Kerngehäuse entfernen. Äpfel samt Schale mit einer Gabel oder einem Pürierstab zerkleinern und mit dem Zwiebel-Kartoffel-Mix mischen. Thymian und Kasselersud aus der Alufolie zugeben, eventuell etwas Wasser unterrühren. Alles mit Salz und Pfeffer abschmecken. Mit Senf zum Kasseler servieren.

PRAXIS-TIPP **Das Kasseler nur sanft anbraten und nicht stark bräunen – sonst entwickeln sich schädliche Substanzen.**

BRATAPFEL MIT CAROBSAUCE

ZUTATEN FÜR 2 PORTIONEN
30 g Walnusskerne
2 EL kernige Haferflocken
2 große Äpfel (z. B. Jonagold, Idared, Cox Orange)
30 g getrocknete Datteln (ohne Stein)
1 Msp. Zimtpulver
400 ml Milch (1,5 % Fett)
1 TL Johannisbrotkernmehl (Reformhaus)
1 Msp. gemahlene Vanille
2 TL Carobpulver (Reformhaus)

ZUBEREITUNG 45 Min.
PRO PORTION 410 kcal
12 g EW, 15 g F, 56 g KH

1 Walnusskerne grob hacken. Mit Haferflocken in einer beschichteten Pfanne rösten, bis sie duften. Dann beiseitestellen. Äpfel waschen und das Kerngehäuse ausstechen. Die Datteln hacken und die Hälfte mit Nussflocken und Zimtpulver mischen. Die Äpfel damit füllen.

2 Die Äpfel in eine kleine Auflauform setzen und im Ofen (Mitte) bei 180° (Umluft, ohne Vorheizen) 30–40 Min. backen.

3 Die übrigen Datteln mit Milch, Johannisbrotkernmehl, gemahlener Vanille und Carobpulver in einem Topf unter Rühren erhitzen. Warm oder kalt zu den Bratäpfeln reichen.

SCHLANK-TIPP **Auch Süßes kann satt machen: Datteln und Carob sind süß und reich an Ballaststoffen – mit Nüssen und Milch verlangsamt das die Verdauung, der Blutzucker bleibt ausgeglichen.**

PRAXIS-TIPP **Die gefüllten Äpfel gleichzeitig mit den Äpfeln fürs Rezept oben garen, aber entsprechend länger im Ofen lassen.**

WINTER

äpfel
birnen
datteln
granatapfel
haselnüsse
mandarinen
maronen
orangen
walnüsse

bohnenkraut
petersilie
rosmarin
salbei
schnittlauch
thymian

brokkoli
champignons
chicorée
chinakohl
endiviensalat
feldsalat
grünkohl
knollensellerie

kürbis
lauch
möhren
pastinaken

petersilienwurzeln
rosenkohl
rote bete
rotkohl
rübchen
sauerkraut
schwarzwurzeln
spitzkohl
staudensellerie
steckrüben
süßkartoffeln
topinambur
winterspinat
wirsing

95 kcal, 2 g EW, 1 g F, 19 g KH

DETOX MIT GRANATAPFEL

Mit seinen Gerbstoffen ist er der absolute Knüller – ideal ergänzt durch die Bitterstoffe in Chicorée und die Schärfe des Ingwers. Für 1 Portion: Aus 1 Granatapfel mit einem Teelöfel die Kerne lösen. 1 Stück Ingwer (ca. 1 cm) waschen, ungeschält fein hacken. 4 Blätter Chicorée waschen. Mit 50 ml Wasser, Granatapfelkernen und Ingwer in einem Mixer pürieren, dann mit Wasser auf Trinkstärke verdünnen.

SMOOTHIES

WIE LANGE IST EIN SMOOTHIE HALTBAR? AM BESTEN IST ER KNALLFRISCH – UND DANACH SIND AUCH DIE MENGEN BEMESSEN. WER DEN SMOOTHIE MITNEHMEN MÖCHTE, KANN STATT TRINKWASSER EIN PAAR EISWÜRFEL DAZUTUN UND IHN IN EINEN THERMOSBECHER FÜLLEN, DANN BLEIBT ER ETWA 6 STUNDEN FRISCH. VOR DEM TRINKEN SCHÜTTELN!

100 kcal, 3 g EW, 1 g F, 21 g KH

PORTULAK GEGEN HEISSHUNGER

Seine Herzform hat Symbolcharakter, denn tatsächlich senkt er das Risiko für Herzinfarkt. Für 1 Portion: ½ feste Banane und 1 Mandarine schälen, 2 Handvoll Portulak waschen und trocken schütteln, 1 Stück Vanilleschote (2 cm) längs aufschneiden, das Mark herauskratzen. Alles in einem Mixer mit 50 ml Wasser pürieren, dann mit Wasser auf Trinkstärke verdünnen.

GRÜNKOHL GEGEN DURCHHÄNGER

Kein Gemüse wirkt so kraftvoll gegen Wintermüdigkeit – vor allem roh statt zerkocht! Die Kresseschärfe und Orangensäure ergänzen ihn perfekt. Für 1 Portion: 1 Orange schälen und grob zerkleinern. 4 Blätter Grünkohl waschen und trocken schütteln. Mit 1 Handvoll Gartenkresse und den Orangenstücken in einem Mixer fein pürieren, dann mit Wasser auf Trinkstärke verdünnen.

85 kcal, 6 g EW, 1 g F, 11 g KH

HILFT GEGEN SÜSSHUNGER

In der Apfelschale sitzen die Bioaktivstoffe und das Aroma! Zimt sorgt dafür, dass der Blutzucker nicht steigt. Für 2 Tassen Apfel-Zimt-Tee: Die Schale von 1 Bio-Apfel spiralförmig abschälen (es darf auch ein runzeliger Apfel sein). Apfelschale, 1 TL gehackte Süßholzwurzel (Apotheke) und 1 Stück Zimtstange (ca. 2 cm) mit 500 ml kochendem Wasser überbrühen und 10 Min. ziehen lassen, dann durch ein Sieb gießen.

TEES

IDEAL IST EINE ZIEHZEIT ZWISCHEN 3 UND 10 MINUTEN. WER'S INTENSIVER MAG, KANN DIESE ZEIT VERLÄNGERN – HÄUFIG WERDEN DANN BITTERSTOFFE AUS DEN PFLANZENTEILEN GELÖST. FINDEN SIE HERAUS, WAS IHNEN GUTTUT UND AM BESTEN SCHMECKT. UND OB DAS WASSER KOCHEN ODER NUR HEISS SEIN SOLL, STEHT IM REZEPT.

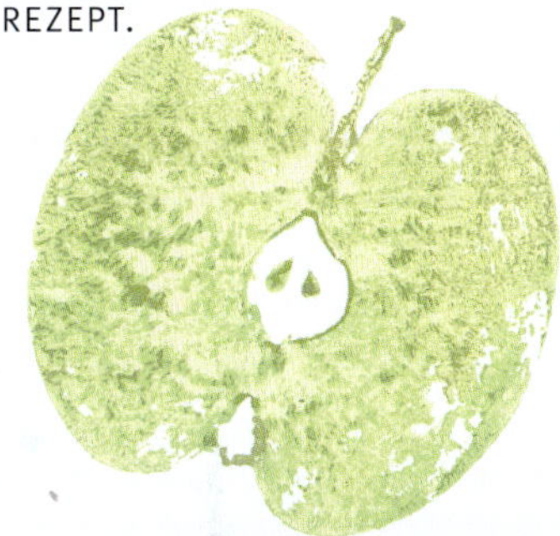

MACHT FIT UND WACH

Für 2 Tassen: Die Schale von ½ Bio-Orange spiralig abschälen. Mit 1 TL grünem oder weißem Tee und 1 Prise Chilipulver in eine Tasse geben. 1 Stück Ingwer (ca. 1 cm) schälen und durch die Knoblauchpresse dazudrücken. Alles mit 500 ml nicht mehr kochendem Wasser überbrühen und 3 Min. ziehen lassen, dann durch ein Sieb gießen. Den Tee nicht zu lange ziehen lassen, sonst wird er bitter.

ENTSPANNT UND BERUHIGT

Samen und Körner entfalten ihr Aroma besser, wenn sie leicht zerstoßen sind. Für 2 Tassen: ½ TL Fenchelsamen und 2 Nelken im Mörser oder mit einer breiten Messerklinge anstoßen, mit 500 ml kochendem Wasser überbrühen und den Tee 10 Min. ziehen lassen. Dann den Tee durch ein Sieb gießen.

WINTER-CAROB-PORRIDGE

REICH AN EISEN

ZUTATEN FÜR 1 PORTION
25 g weiche getrocknete Datteln
200 ml Milch (1,5 % Fett)
1 TL Carobpulver (Reformhaus)
1 Msp. gemahlene Vanille
2 EL Hirseflocken (ca. 20 g)
100 g mildes Obst (z. B. Birne, Banane oder Mango)

ZUBEREITUNG 10 Min.
PRO PORTION 310 kcal
11 g EW, 6 g F, 51 g KH

1 Die Datteln entsteinen, fein hacken und mit 100 ml Milch mit einem Pürierstab fein pürieren.

2 Den Milchmix mit restlicher Milch, Carobpulver, gemahlener Vanille und den Hirseflocken unter Rühren aufkochen und ca. 2 Min. kochen lassen. Den Herd abschalten und den Porridge 3–4 Min. ziehen lassen.

3 Inzwischen das Obst waschen, wenn nötig schälen und in kleine Würfel schneiden. Den Porridge in ein Schälchen geben und die Obstwürfel auf dem Porridge verteilen.

PRAXIS-TIPP Am besten lassen sich die Datteln – vor allem getrocknete – pürieren, wenn man sie am Vorabend mit Wasser knapp bedeckt einweicht.

SCHLANK-TIPP Hirseflocken sind besonders reich an Eisen. Eine gute Eisenversorgung stärkt die Abwehrkräfte, das ist gerade im Winter wichtig. Als Porridge aufgekocht sind die Hirseflocken wahre Magenschmeichler. Das tut gut und wärmt von innen.

VARIANTE Sie können auch Hafer- statt Hirseflocken nehmen! Statt Datteln passen auch ½ Banane oder Birne, weil sie säurearm sind. Müslimuffel können auch 1 Scheibe Winterbrot (siehe S. 114) mit einem der köstlichen Aufstriche ab Seite 116 frühstücken. Dazu gibt's 1 Orange oder ½ Grapefruit oder 1 Apfel.

WINTERBROT

REICH AN ÄTHERISCHEN ÖLEN

ZUTATEN FÜR 1 KASTENFORM (11 × 30 CM, 25 SCHEIBEN)
250 g mehligkochende Kartoffeln
Salz
1 TL Zucker
500 g Vollkorn-Dinkelmehl
2 Pck. Trockenhefe
(oder 1 Würfel frische Hefe)
1–2 EL Schwarzkümmelsamen
(alternativ Kreuzkümmel, Fenchel)
½ TL Nelkenpulver
½ TL Pimentpulver
2 Zwiebeln
4 EL Rapsöl
100 g kernige Haferflocken
Öl für die Form

ZUBEREITUNG 30 Min. | Gehen 1 Std. 30 Min. | Backen 1 Std.
PRO SCHEIBE 100 kcal
4 g EW, 2 g F, 16 g KH

1 Die Kartoffeln mit Schale in kochendem Salzwasser in 25 Min. garen. Dann pellen, durch die Kartoffelpresse drücken oder fein zerstampfen. Mit 400 ml warmem Wasser und Zucker verrühren.

2 Mehl mit Trockenhefe, 2 TL Salz, Schwarzkümmel, Nelken- und Pimentpulver mischen. (Frische Hefe zuvor in etwas Wasser auflösen und weiterverarbeiten.) Mit der Kartoffelmasse mit den Händen zu einem Teig verkneten. Den Teig zu einer Kugel formen und abgedeckt an einem warmen Ort ca. 1 Std. gehen lassen.

3 Inzwischen die Zwiebeln schälen und würfeln. Öl in einer Pfanne erhitzen, Zwiebeln darin in 8–10 Min. braun braten. 80 g Haferflocken zugeben und kurz mitbraten, dann etwas abkühlen lassen. Die Mischung unter den Teig kneten, eventuell etwas Wasser zufügen.

4 Die Form einfetten und mit den übrigen Haferflocken ausstreuen. Den Teig einfüllen und weitere 30 Min. in der Form gehen lassen.

5 Dann im Backofen (Mitte) bei 180° (Umluft, ohne Vorheizen) ca. 40 Min. backen. Danach den Ofen abschalten und das Brot noch 20 Min. mit der Resthitze backen. Herausnehmen und kurz ruhen lassen. Dann auf ein Kuchengitter stürzen und vollständig auskühlen lassen.

SCHLANK-TIPP Der **Schwarzkümmel** stärkt mit seinen Omega-3-Fettsäuren und ätherischen Ölen das Immunsystem und wirkt wärmend. Ergänzt wird diese Wirkung durch die ätherischen Öle in **Nelken** und **Piment.**

PRAXIS-TIPP Das Brot ist mindestens 5 Tage haltbar. Möchten Sie es länger aufheben, sollten Sie es im Kühlschrank aufbewahren oder in Portionen einfrieren. Wer's lieber süßlich mag, kann die Zwiebeln durch 1 großen mit Schale geraspelten Apfel ersetzen (das Öl weglassen).

RINDERTATAR

ZUTATEN FÜR 4 PORTIONEN
1 kleine Zwiebel
1 TL Kapern
2–3 Cornichons
100 g Rindertatar
1 TL Rapsöl
1 TL scharfer Senf
Salz, Pfeffer

ZUBEREITUNG 10 Min.
PRO PORTION 50 kcal
6 g EW, 2 g F, 1 g KH

1 Die Zwiebel schälen. Zwiebel, Kapern und Cornichons mit einem Messer fein hacken.

2 Gehackte Zwiebel, Kapern und Cornichons mit Rindertatar und Öl gut mischen. Die Masse mit Senf, Salz und Pfeffer würzen.

SCHLANK-TIPP Viel Eiweiß und Eisen im Fleisch heizen ein – der Senf und die Zwiebel unterstützen das Einheizen mit ihren Scharfstoffen.
PRAXIS-TIPP Tatar ist gekühlt mindestens 1 Tag haltbar. Eventuell portionsweise einfrieren, wenn etwas übrig bleibt.

LACHSCREME

ZUTATEN FÜR 4 PORTIONEN
1 Bio-Zitrone
1 Stück frischer Meerrettich (2–3 cm, oder 2–3 TL Meerrettich aus dem Glas)
80 g Räucherlachs
80 g Magerquark
Salz, Pfeffer
½ Bund Schnittlauch

ZUBEREITUNG 10 Min.
PRO PORTION 55 kcal
7 g EW, 2 g F, 1 g KH

1 Die Zitrone heiß waschen und abtrocknen, die Schale abreiben und 2 EL Saft auspressen. Den Meerrettich schälen und fein reiben.

2 Lachs mit Quark, Meerrettich, Zitronenschale und -saft mit einem Pürierstab fein pürieren, dann salzen und pfeffern.

3 Den Schnittlauch waschen, trocken schütteln, in feine Röllchen schneiden und unter die Creme rühren.

SCHLANK-TIPP So viel Eiweiß und gesunde Fette bringen Power, die Schärfe des Meerrettichs erst recht!
PRAXIS-TIPP Die Creme ist gekühlt mindestens 4 Tage haltbar.

GELBE LINSEN-CURRY-CREME

ZUTATEN FÜR 4 PORTIONEN
30 g rote Linsen
½ kleiner Apfel (z. B. Boskop, Berlepsch)
1 Knoblauchzehe
1 EL Tahin (Sesampaste)
Salz, Pfeffer
1 TL Currypulver

ZUBEREITUNG 20 Min.
PRO PORTION 50 kcal
2 g EW, 1 g F, 7 g KH

1 Die Linsen in einem Sieb waschen und abtropfen lassen. Die Apfelhälfte waschen, vierteln, entkernen und klein schneiden. Linsen und Apfel mit 125 ml Wasser in einen Topf geben, aufkochen und in ca. 15 Min. weich garen.

2 Inzwischen den Knoblauch schälen und hacken. Den Linsen-Apfel-Mix mit Knoblauch und Tahin mit einem Pürierstab fein pürieren. Die Creme mit Salz, Pfeffer und Currypulver würzen.

SCHLANK-TIPP Enthält viel Pflanzeneiweiß und Eisen. Die kräftigen Gewürze wirken wärmend.
PRAXIS-TIPP Die Creme ist gekühlt mindestens 4 Tage haltbar.

FRUCHT-NUSS-AUFSTRICH

ZUTATEN FÜR 4 PORTIONEN
20 g gelbe Rosinen
20 g getrocknete Apfelscheiben
15 g Nüsse (z. B. Walnüsse oder ungeschälte Mandeln)
1 Msp. Zimtpulver
1 Msp. Nelkenpulver

ZUBEREITUNG 10 Min. | Einweichen über Nacht
PRO PORTION 50 kcal
1 g EW, 3 g F, 6 g KH

1 Rosinen und Apfelscheiben in eine Schüssel geben, mit 70 ml heißem Wasser übergießen und über Nacht einweichen.

2 Die Nüsse in einer kleinen beschichteten Pfanne ohne Fett rösten, bis sie duften. Nüsse und eingeweichte Früchte samt Einweichwasser im Blitzhacker pürieren. Wenn nötig, so viel Wasser zugeben, dass eine cremige Konsistenz entsteht. Mit Zimt- und Nelkenpulver würzen.

SCHLANK-TIPP Der Aufstrich ist ein feiner Ersatz für Konfitüre mit vielen gesunden Ballaststoffen – sie bringen die Verdauung in Schwung.
PRAXIS-TIPP Der Aufstrich ist gekühlt mindestens 10 Tage haltbar.

WINTER-WÄRMESUPPE

EIWEISSREICH UND WÄRMEND

ZUTATEN FÜR 4 PORTIONEN
1 Bund Suppengrün
(insgesamt ca. 750 g)
1 Knoblauchzehe
100 g geräucherte Gänsebrust in Scheiben (ersatzweise durchwachsener Speck)
900 ml Gemüsebrühe
100 g rote Linsen
100 g grüne Linsen (kleine Sorte z. B. Berglinsen oder Le Puy-Linsen)
100 ml Rotwein
1–2 EL Aceto balsamico
Worcestersauce
Salz, Pfeffer
1 Stück frischer Meerrettich (ca. 5 cm, oder 2–3 EL Meerrettich aus dem Glas)
4 Scheiben Winterbrot (siehe S. 114)

ZUBEREITUNG 40 Min.
PRO PORTION 420 kcal
23 g EW, 11 g F, 51 g KH

1 Das Suppengrün waschen, putzen und mundgerecht würfeln. Den Knoblauch schälen und fein hacken. Den Fettrand von der Gänsebrust abziehen und in Würfel schneiden. Übrige Gänsebrust ebenfalls würfeln.

2 Die Fettwürfel in einem tiefen Topf unter Rühren bei kleiner Hitze in 5–6 Min. auslassen. Suppengrün und Knoblauch zugeben und bei großer Hitze rundherum 7–8 Min. kräftig anbraten, bis das Gemüse Farbe annimmt. Dann mit der Brühe aufgießen.

3 Die Linsen und Gänsebrustwürfel zugeben und alles zugedeckt aufkochen, dann bei mittlerer Hitze 15–20 Min. garen, bis die grünen Linsen weich sind und die roten zerfallen. Nach ca. 5 Min. den Wein angießen und mitkochen. Die Suppe mit Essig, Worcestersauce, Salz und Pfeffer kräftig würzen.

4 Den Meerrettich schälen und in die Suppe reiben. Die Suppe anrichten und pro Portion 1 Scheibe Winterbrot oder anderes Brot dazu reichen.

PRAXIS-TIPP Säure und Salz erst zugeben, wenn die Linsen fast gar sind, sonst bleiben sie hart – vor allem bei kalkreichem Wasser. Die Suppe ist im Kühlschrank 4–5 Tage haltbar.

SCHLANK-TIPP Wenn Wein kocht, verfliegt der größte Teil des Alkohols – zurück bleiben Aroma und die anregende Wirkung. Das lässt den Stoffwechsel schneller werden – gut für den Energieverbrauch. Meerrettich heizt mit seinen Senfölen ebenfalls ein.

SCHWARZWURZELN ENTHALTEN DEN BALLASTSTOFF INULIN. INULIN WIRD VON BAKTERIEN ABGEBAUT. SCHWARZWURZELN LIEFERN DESHALB FAST KEINE KALORIEN, MACHEN LANGE SATT UND UNTERSTÜTZEN EINE GESUNDE DARMFLORA. ÄTHERISCHE ÖLE IN INGWER, FENCHEL UND KRESSE UNTERSTÜTZEN DIE VERDAUUNG, WÄRMEN UND GEBEN EIN TOLLES AROMA.

Schwarzwurzelsuppe

ZUTATEN FÜR 2 PORTIONEN
½ Bio-Zitrone
400 g Schwarzwurzeln
Salz, Pfeffer
frisch geriebene Muskatnuss
3 Eier
1 Kästchen Kresse
½ TL Johannisbrotkernmehl (Reformhaus)
80 g Frischkäse (50 % Fett i. Tr.)
2 Scheiben Winterbrot (siehe S. 114)

ZUBEREITUNG 40 Min.
PRO PORTION 405 kcal
22 g EW, 24 g F, 24 g KH

1 Zitronenhälfte heiß waschen und abtrocknen, die Schale spiralig dünn abschälen und den Saft auspressen. Beides mit 500 ml Wasser mischen. Schwarzwurzeln gründlich waschen und schälen. Die Stangen in vier Teile schneiden und ins Zitronenwasser legen.

2 Schwarzwurzeln mit Zitronenwasser, 1 TL Salz, Pfeffer und Muskat aufkochen, dann bei kleiner Hitze in ca. 20 Min. garen.

3 Eier in ca. 5 Min. wachsweich kochen und kalt abschrecken. Kresse waschen und vom Beet schneiden.

4 Die Hälfte der Schwarzwurzeln und Zitronenschale aus dem Topf schöpfen. Johannisbrotkernmehl und Frischkäse in die Flüssigkeit rühren, alles mit einem Pürierstab fein pürieren. Die Suppe ca. 2 Min. köcheln lassen, mit Salz, Pfeffer und Muskat würzen. Schwarzwurzelstücke einlegen. Eier pellen und halbieren. Die Suppe anrichten. Pro Portion 3 Eihälften auf die Suppe setzen, mit Kresse bestreuen. Je 1 Scheibe Brot dazu reichen.

Schwarzwurzeln mit Räucherforelle

ZUTATEN FÜR 2 PORTIONEN
½ Bio-Zitrone
400 g Schwarzwurzeln
Salz
1 Stück Ingwer (ca. 3 cm)
1 TL Fenchelsamen
50 g Feldsalat
6 Blatt Gelatine
250 g geräucherte Forellenfilets
1 EL Forellenkaviar
1 Stück Meerrettich (ca. 2 cm, oder 1–2 TL Meerrettich aus dem Glas)
3 EL saure Sahne
2 Scheiben Winterbrot (siehe S. 114)

ZUBEREITUNG 45 Min. | Kühlen 3 Std.
PRO PORTION 410 kcal
42 g EW, 16 g F, 23 g KH

1 Zitronenhälfte und Schwarzwurzeln wie in Schritt 1 und 2 im Rezept oben vorbereiten. Dabei statt Pfeffer und Muskat Ingwer schälen, in Scheiben schneiden und mit Fenchelsamen mitkochen.

2 Feldsalat putzen, gründlich waschen und abtropfen lassen. Gelatine in kaltem Wasser einweichen.

3 Gemüse in ein Sieb abgießen, den Sud auffangen. Die Gewürze entfernen. Den Sud mit Salz kräftig würzen. Gelatine ausdrücken, im heißen Sud auflösen und kalt stellen. Schwarzwurzelstücke ebenfalls kalt stellen.

4 Wenn der Sud nach ca. 2 Std. an den Rändern beginnt anzuziehen, eine ovale Form mit etwas Sud ausgießen, kalt stellen. Auf den halbfesten Spiegel die Forellenfilets, Schwarzwurzeln, Salatblättchen und Kaviar schichten. Mit übrigem Sud behutsam auffüllen und 2–3 Std. kalt stellen.

5 Meerrettich schälen, fein reiben und mit saurer Sahne verrühren. Mit je 1 Scheibe Winterbrot oder anderem Brot zur Terrine reichen.

VARIANTE Es geht auch ohne Kaviar!
SCHLANK-TIPP So viel Eiweiß und so eine Riesenportion: Toll für Fischfans und Vielesser und ausnahmsweise low carb.

GRÜNKOHL IST DER GEMÜSEKÖNIG: KEIN ANDERER HAT SO VIEL ANTIOXIDATIVE KRAFT! DER MIX AUS KAROTINOIDEN, VITAMIN C, FOLSÄURE, GLUCOSINOLATEN UND KALZIUM MACHT IHN ZUM WINTER-SCHUTZSCHILD. WICHTIG: NICHT ZU LANGE GAREN! **GÄNSESCHMALZ** ENTHÄLT VIEL UNGESÄTTIGTE FETTSÄUREN – **AVOCADO** EBENFALLS. EINE GUTE ERGÄNZUNG!

GRÜNKOHL MIT TOFU

ZUTATEN FÜR 2 PORTIONEN
2 Zwiebeln
400 g Grünkohl
2 EL Rapsöl (oder Gänseschmalz)
Salz, Pfeffer
200 g festkochende Kartoffeln
150 g Räuchertofu
1 EL körniger Senf
20 g Sesamsamen

ZUBEREITUNG 40 Min.
PRO PORTION 410 kcal
25 g EW, 22 g F, 26 g KH

1 Zwiebeln schälen und in feine Würfel schneiden. Grünkohl putzen, waschen und mit einem großen Messer in Streifen schneiden.

2 1 El Öl in einem Topf erhitzen, die Zwiebeln darin glasig dünsten. Grünkohl und 100 ml Wasser zugeben, salzen und pfeffern. Den Kohl zugedeckt unter gelegentlichem Rühren bei mittlerer Hitze ca. 30 Min. schmoren.

3 Inzwischen die Kartoffeln mit Schale in wenig Wasser in ca. 20 Min. garen. Dann kalt abschrecken und pellen.

4 Den Räuchertofu klein würfeln, zum Grünkohl geben und heiß werden lassen. Mit Senf, Salz und Pfeffer würzen.

5 Das übrige Öl erhitzen, Sesamsamen darin rösten. Die Kartoffeln zugeben, salzen und unter Rühren rundum ca. 5 Min. rösten. Sesamkartoffeln zum Grünkohl servieren.

PRAXIS-TIPP Die Kartoffeln für den Salat gleich mitkochen. Schmeckt auch mit Wirsing statt Grünkohl.
SCHLANK-TIPP Räuchertofu ist eine tolle Winterzutat: würzig, eiweißreich und mit gesundem Fett toppt er jede Wurst!

GRÜNKOHL-AVOCADO-SALAT

ZUTATEN FÜR 2 PORTIONEN
250 g festkochende Kartoffeln
400 g Grünkohl
1 kleine Zwiebel
5 in Öl eingelegte getrocknete Tomaten (abgetropft 30 g)
1 Bio-Zitrone, 1 Avocado
100 ml Gemüsebrühe
Salz, Pfeffer
2 Scheiben Winterbrot (siehe S. 114)

ZUBEREITUNG 40 Min.
PRO PORTION 400 kcal
18 g EW, 14 g F, 48 g KH

1 Kartoffeln mit Schale in wenig Wasser in ca. 20 Min. garen. Dann kalt abschrecken und etwas abkühlen lassen.

2 Grünkohl putzen, von den harten Rippen befreien und in Streifen schneiden. In wenig Wasser ca. 10 Min. dünsten.

3 Zwiebel schälen und fein würfeln. Tomaten abtropfen lassen und fein hacken. Zitrone heiß waschen und abtrocknen, die Schale abreiben und den Saft ½ Zitrone auspressen. Avocado halbieren, entsteinen, Fruchtfleisch aus der Schale löffeln. Mit Zitronensaft, Zitronenschale und Brühe pürieren. Mit Salz und Pfeffer würzen. Zwiebelwürfel und Tomaten untermischen.

4 Kartoffeln pellen und würfeln, mit Grünkohlstreifen und Dressing vermischen. Mit Salz und Pfeffer abschmecken. Je 1 Scheibe Winterbrot oder anderes Brot dazu reichen.

PRAXIS-TIPP Ist Grünkohl übrig? Dann Knusperchips daraus backen: Grünkohlblätter mundgerecht zupfen, mit Chilisalz bestreuen und im Ofen bei 180° (Umluft, ohne Vorheizen) ca. 12 Min. backen, bis sie knusprig sind – fertig ist ein wärmendes Knabbervergnügen.

ROSENKOHL ENTHÄLT REICHLICH GESUNDE BITTERSTOFFE SOWIE DAS VERJÜNGENDE VITAMIN FOLSÄURE, DAS WICHTIG FÜR DIE ZELLERNEUERUNG IST. DAS VITAMIN IST SEHR HITZEEMPFINDLICH, DESHALB ROSENKOHL AB UND ZU ROH ESSEN. **MARONI** SIND EIWEISSREICHE SATTMACHER. **GRANATAPFEL** IST EIN WAHRER JUNGBRUNNEN.

ROSENKOHLPFANNE MIT RACLETTEKÄSE

ZUTATEN FÜR 2 PORTIONEN
400 g Rosenkohl
Salz, Pfeffer
1 TL Rosmarinnadeln
50 ml Apfelsaft
150 g Maroni (gegart und geschält, oder vakuumverpackt)
2 EL Aceto balsamico
100 g Raclettekäse in Scheiben

ZUBEREITUNG 40 Min.
PRO PORTION 400 kcal
23 g EW, 16 g F, 40 g KH

1 Rosenkohl waschen, putzen und mit der Messerspitze von unten einstechen. Mit Salz, Pfeffer, Rosmarin, Apfelsaft und ca. 150 ml Wasser in eine Pfanne mit Deckel geben und aufkochen. Den Rosenkohl zugedeckt bei kleiner Hitze in ca. 20 Min. garen.

2 Die Maroni in den letzten 10 Min. zugeben und mitdünsten. Wenn nötig, noch etwas Wasser zufügen.

3 Die Rosenkohlpfanne mit Salz, Pfeffer und Essig abschmecken. Den Käse auf der Rosenkohl-Maroni-Mischung verteilen und zugedeckt bei kleiner Hitze schmelzen lassen.

PRAXIS-TIPP **Maroni sind einfach zu garen: Auf der runden Seite einmal einschneiden und in einem Topf mit kochendem Wasser in ca. 15 Min. garen. Abgießen, kalt abschrecken und schälen.**
SCHLANK-TIPP **Maroni enthalten für Nüsse relativ viel Kohlenhydrate, wenig Fett und Kalorien und schmecken mild und mehlig – eine eiweißreiche Alternative zu Kartoffeln, die gesunde Fette enthält – aber auch mehr Kalorien hat!**

ROSENKOHL-GRANATAPFEL-ROHKOST

ZUTATEN FÜR 2 PORTIONEN
300 g Rosenkohl
1–2 Granatäpfel
1 EL Olivenöl
Salz, Pfeffer
1 TL Dijon-Senf
30 g Walnusskerne
20 g gehobelter Parmesan
2 Scheiben Winterbrot (siehe S. 114)

ZUBEREITUNG 30 Min. | Ziehen 15 Min.
PRO PORTION 425 kcal
17 g EW, 22 g F, 38 g KH

1 Den Rosenkohl waschen und putzen. Die Röschen am besten in der Küchenmaschine hobeln oder im Blitzhacker zerkleinern – das gibt aber eine eher körnige Struktur.

2 Die Granatäpfel halbieren und die Kerne (200 g) herausdrücken. Die Hälfte der Kerne in einem Sieb ausdrücken. Den Saft auffangen und mit Öl, Salz, Pfeffer und Senf zu einer Vinaigrette rühren. Das Dressing mit Rosenkohl und übrigen Granatapfelkernen mischen und mindestens 15 Min. ziehen lassen.

3 Walnusskerne hacken und in einer beschichteten Pfanne rösten, bis sie duften. Die Rohkost anrichten, mit Nüssen und Parmesan bestreuen. Je 1 Scheibe Brot dazu reichen.

PRAXIS-TIPP **Reife Granatäpfel haben tiefrote, saftige Kerne. Zum Auspressen die Granatapfel halbieren, die Hälften auf eine Zitruspresse setzen und mit Küchenpapier bedeckt auspressen. Der Saft färbt enorm und beim Pressen spritzt es! Kerne mit einem Löffel herauslösen.**

DIE ENDIVIE GEHÖRT ZU DEN ZICCHORIEN.
SIE ENTHÄLT DEN BITTERSTOFF INTYBIN,
GUT GEGEN BLÄHUNGEN. SIE HAT VIEL BETA-KAROTIN UND REICHLICH
VOM SCHLANKSTOFF INULIN.
INGWER UND ORANGE, CHILI UND SCHWARZKÜMMEL
HEIZEN ZUDEM KRÄFTIG EIN.

ENDIVIE MIT GARNELEN UND PASTA

ZUTATEN FÜR 2 PORTIONEN
1 rote Peperoni
1 Knoblauchzehe
1 Stück Ingwer (ca. 3 cm)
1 Bio-Orange
300 g gegarte TK-Garnelen
½ Endiviensalat (ca. 300 g)
125 g schmale Vollkorn-Bandnudeln
Salz
1 EL Butter
1–2 TL dunkle Sojasauce
Pfeffer

ZUBEREITUNG 45 Min.
PRO PORTION 395 kcal
30 g EW, 8 g F, 49 g KH

1 Peperoni längs aufschlitzen, entkernen, waschen und fein hacken. Knoblauch und Ingwer schälen, beides fein hacken. Orange heiß waschen und abtrocknen, die Schale abreiben und den Saft auspressen. Orangensaft mit Schale, Peperoni, Knoblauch und Ingwer verrühren. TK-Garnelen auf einem flachen Teller verteilen, mit Marinade übergießen und auftauen lassen.

2 Salat putzen, waschen, trocken schleudern und in feine Streifen schneiden. Nudeln in reichlich Salzwasser nach Packungsangabe bissfest kochen.

3 Garnelen aus der Marinade nehmen. Die Marinade im Wok auf die Hälfte einkochen lassen und die Butter unterrühren.

4 Die Nudeln abgießen, mit den Garnelen im Wok schwenken und erhitzen. Die Salatstreifen unter die Nudeln mischen und kurz erwärmen. Mit Sojasauce und Pfeffer würzen.

PRAXIS-TIPP **Rosa Garnelen sind gegart und sollten nicht lange gekocht, sondern nur erhitzt werden. Sonst werden sie trocken.**
SCHLANK-TIPP **Die Scharfmacher Ingwer und Chili heizen ein, die Bitterstoffe der Endivie tun dem winterlichen Stoffwechsel gut.**

ENDIVIENSALAT MIT ORANGE UND PUTENSCHINKEN

ZUTATEN FÜR 2 PORTIONEN
1 Bio-Orange, 50 g gelbe Linsen
250 ml Gemüsebrühe
½ Endiviensalat (ca. 300 g)
1 kleine Zwiebel
3 EL Weißweinessig
2 EL Rapsöl, Salz, Pfeffer
1 TL Schwarzkümmel
100 g Putenschinken
(oder Putenbrust)
2 Scheiben Winterbrot (siehe S. 114)

ZUBEREITUNG 30 Min.
PRO PORTION 405 kcal
26 g EW, 14 g F, 41 g KH

1 Orange heiß waschen und abtrocknen, die Schale dünn abschälen. Mit Linsen und Brühe in einem Topf aufkochen. Linsen zugedeckt bei kleiner Hitze in 10–15 Min. garen. Leicht abkühlen lassen. Orangenschale entfernen.

2 Orange in Segmente teilen und das weiße Innere entfernen. Die Segmente quer in Stücke schneiden. Austretenden Saft auffangen. Endiviensalat putzen und waschen, trocken schleudern und in feine Streifen schneiden.

3 Zwiebel schälen und fein würfeln. Mit Linsen samt Brühe, Orangensaft, Essig, Öl, Salz, Pfeffer und Schwarzkümmel zu einem Dressing rühren.

4 Schinken würfeln. Salat mit dem Dressing mischen, anrichten, mit Orangenstückchen und Schinkenwürfeln bestreuen. Je 1 Scheibe Brot dazu reichen.

PRAXIS-TIPP **Die weißen Häutchen der Orange sind bitter – aber besonders gesund. Sie enthalten Limonen, einen Bioaktivstoff, und außerdem Ballaststoffe. Also nicht zu gründlich schälen.**

LINSEN SIND DURCH JEDE MENGE BALLASTSTOFFE, EIWEISS UND EISEN RICHTIGE SCHLANKMACHER. AUSSERDEM MUSS MAN SIE NICHT EINWEICHEN UND SIE SIND SCHNELL GAR. UND WEIL SIE SO CREMIG-SÄMIG SIND, ERSETZEN SIE PASTA, REIS ODER KARTOFFELN GERADEZU IDEAL. **CHILI, 5-GEWÜRZE-PULVER** UND **CURRY** MACHEN SIE LEICHTER VERDAULICH.

ENTENBRUST MIT LINSENGEMÜSE

ZUTATEN FÜR 2 PORTIONEN
1 große Entenbrust (ca. 200 g)
Salz, Cayennepfeffer
5-Gewürze-Pulver
1 grüne Chilischote
1 Zwiebel
1 Stück Knollensellerie (ca. 100 g)
100 g gelbe Linsen
1 Bio-Orange

ZUBEREITUNG 45 Min.
PRO PORTION 420 kcal
32 g EW, 18 g F, 31 g KH

1 Entenbrust mit Salz, Cayennepfeffer und 5-Gewürze-Pulver einreiben und die Haut kreuzweise einschneiden.

2 Entenbrust erst mit der Hautseite in einer beschichteten Pfanne zugedeckt bei kleiner Hitze ca. 10 Min. anbraten, bis sie bräunt. Dann wenden und weitere 5 Min. braten. Nochmals wenden und offen in 2–3 Min. kräftig bräunen. Entenbrust in Alufolie wickeln.

3 Chilischote längs aufschlitzen, entkernen, waschen, fein würfeln. Zwiebel und Sellerie schälen und fein würfeln.

4 Chili, Zwiebel und Sellerie im Entenfond bei kleiner Hitze in ca. 5 Min. glasig dünsten. Linsen zugeben und unterrühren. 250 ml Wasser angießen und die Linsen zugedeckt in ca. 15 Min. garen.

5 Orange heiß waschen und abtrocknen, die Schale dünn abreiben. Danach bis aufs Fruchtfleisch schälen. Orange halbieren, in fingerbreite Scheiben und diese in Stückchen teilen. Dabei den Saft auffangen.

6 Linsen mit Salz, Cayennepfeffer und 5-Gewürze-Pulver würzen. Orangenschale mit -saft und -stücken zugeben und heiß werden lassen. Fleischsaft aus der Folie zu den Linsen geben. Die Brust quer zur Faser in dünne Scheiben schneiden und auf dem Gemüse anrichten.

APFEL-LINSEN-SALAT

ZUTATEN FÜR 2 PORTIONEN
100 g Le Puy-Linsen
2 Tannenzweigspitzen
1 Zwiebel, 1 Apfel
2 EL Apfelsaft
1 kleiner Radicchio
40 g luftgetrocknete Salami in Scheiben
2 EL weißer Aceto balsamico
Salz, Pfeffer
1 Msp. rote Currypaste
2 EL Rapsöl

ZUBEREITUNG 40 Min.
PRO PORTION 410 kcal
17 g EW, 17 g F, 46 g KH

1 300 ml Wasser mit Linsen und Tannenspitzen aufkochen und zugedeckt bei kleiner Hitze in 30–35 Min. bissfest garen. Dann abtropfen und auskühlen lassen. Tannenspitzen entfernen.

2 Inzwischen die Zwiebel schälen und sehr fein würfeln. Den Apfel waschen, vierteln, entkernen und ebenfalls klein würfeln. Apfelwürfel mit dem Apfelsaft mischen. Den Radicchio putzen, waschen, trocken schütteln und in Streifen schneiden. Die Salami in dünne Streifen schneiden.

3 Aus Essig, Salz, Pfeffer, Currypaste und Öl ein kräftiges Dressing rühren. Das Dressing mit Linsen, Zwiebel- und Apfelwürfeln, Radicchio- und Salamistreifen mischen und scharf abschmecken.

PRAXIS-TIPP **Noch schneller geht es mit geschälten roten Linsen: Sie sind in 12 Min. gar. Statt Tannenzweigspitzen Thymian oder Rosmarin verwenden.**

SAUERKRAUT IST REICH AN VITAMIN C.
DAS STÄRKT DIE ABWEHRKRÄFTE IM WINTER.
DURCH DIE SÄUERUNG HAT ES NUR NOCH EIN
VIERTEL DER KOHLENHYDRATE DES WEISSKOHLS,
ABER NOCH ALLE BALLASTSTOFFE.
KASSELER UND **FETA** SORGEN FÜR
AUSREICHEND SÄTTIGENDES EIWEISS.
PUL BIBER KURBELT DEN STOFFWECHSEL AN.

SAUERKRAUT-SOLJANKA

ZUTATEN FÜR 2 PORTIONEN
1 Zwiebel
200 g festkochende Kartoffeln
2 EL Rapsöl
Salz, Pfeffer
400 g frisches Sauerkraut
250 g rohes Kasseler in ca. 1 cm dicken Scheiben
1 EL Wacholderbeeren
1–2 TL edelsüßes Paprikapulver
2 EL Tomatenmark
2 EL Schmand

ZUBEREITUNG 30 Min.
PRO PORTION 410 kcal
29 g EW, 22 g F, 21 g KH

1 Zwiebel schälen und fein würfeln. Kartoffeln waschen, schälen und in etwa 1 cm große Würfel schneiden. Öl in einem Topf erhitzen, Zwiebel und Kartoffeln darin 7–8 Min. andünsten, bis die Mischung beginnt anzusetzen. Dann 400 ml Wasser zugießen, salzen und pfeffern. Alles aufkochen und zugedeckt ca. 5 Min. garen.

2 Inzwischen das Sauerkraut hacken. Das Kasseler in ca. 1 cm große Würfel schneiden. Kasselerwürfel und Sauerkraut zu den Kartoffeln geben. Alles mit Wacholderbeeren, Paprikapulver und Tomatenmark würzen und zugedeckt weitere 5–10 Min. köcheln lassen. Den Schmand unterrühren und die Soljanka mit Salz, Pfeffer und Paprikapulver abschmecken.

VARIANTE Statt Kasseler 150 g Lachsfilet verwenden. Den Fisch in größere Stücke teilen, am Ende zufügen und nur 2 Min. ziehen lassen.
SCHLANK-TIPP Am besten ist rohes Sauerkraut aus dem Reformhaus oder Bioladen. Es ist nicht erhitzt und deshalb reich an Vitamin C. Außerdem ist es meist sehr mild.

KRAUTRÖLLCHEN MIT FETA

ZUTATEN FÜR 2 PORTIONEN
300 g frisches Sauerkraut
1 Knoblauchzehe
50 g kleine blaue Trauben
80 g fettarmer Feta (ca. 9 % Fett absolut)
1 EL Schwarzkümmel
2 EL Sesamsamen
Pul Biber
100 g runder Yufkateig (Kühlregal)
2 EL Rapsöl
4 EL fettarme Milch (1,5 % Fett)

ZUBEREITUNG 25 Min.
PRO PORTION 395 kcal
19 g EW, 18 g Fett, 38 g KH

1 Sauerkraut fein hacken, etwas ausdrücken. Knoblauch schälen und zerdrücken. Trauben waschen, halbieren, entkernen. Feta fein zerkrümeln, mit Sauerkraut, Knoblauch und Trauben mischen. Schwarzkümmel und Sesamsamen mischen, 1 EL davon beiseitestellen, den Rest unter die Sauerkrautmasse ziehen. Mit Pul Biber scharf würzen.

2 Ein Blech mit Backpapier auslegen. Yufkateig ausbreiten, in 8–10 Tortenstücke teilen. Öl und Milch verrühren, den Teig mit der Hälfte davon bestreichen. Füllung auf der breiten Seite der Teigstücke verteilen, zur Spitze aufrollen.

3 Die Röllchen auf das Blech legen, mit Öl-Milch bestreichen und mit übrigem Sesam-Mix bestreuen. Im Ofen (Mitte) bei 180° (Umluft , ohne Vorheizen) in 15–20 Min. goldbraun backen. Heiß oder kalt genießen.

SCHLANKTIPP Yufkateig ist unnachahmlich dünn gerollt. Das macht ihn so knusprig und so kalorienarm.
VARIANTE Statt Trauben passen auch 40 g getrocknete Tomaten in Öl und statt Feta 120 g magere Schinkenwürfel. Wer mag, würzt mit Kümmel oder Kreuzkümmel. Wenn Sie keinen Yufkateig bekommen, verwenden Sie Strudel- oder Filoteig.

PAK CHOI GEHÖRT WIE CHINAKOHL ZU DEN ZARTEN KOHLSORTEN, UND HAT AUCH DESSEN WERTVOLLE, ENTGIFTENDE BIOAKTIVSTOFFE; AUSSERDEM JEDE MENGE FOLSÄURE, VITAMIN C UND KALZIUM, DIE ROH ODER BEI KURZEM GAREN ERHALTEN BLEIBEN. UND WEIL ER SO LEICHT IST, KANN MAN EIWEISSREICHE SOJAPRODUKTE PLUS FLEISCH ODER GARNELEN DAZU MIXEN. **KNOBLAUCH** UND **INGWER** SORGEN FÜR AROMA.

PAK CHOI MIT RINDFLEISCHSTREIFEN

ZUTATEN FÜR 2 PORTIONEN
200 g Möhren
1 Rinderroulade (ca. 150 g)
1–2 Knoblauchzehen
400 g Pak Choi
100 g Sojanudeln
Salz
1 EL Rapsöl
3–4 EL dunkle Sojasauce

ZUBEREITUNG 50 Min.
PRO PORTION 415 kcal
45 g EW, 13 g F, 27 g KH

1 Möhren putzen, schälen und auf dem Juliennehobel in Streifen reiben. Rinderroulade in dünne Streifen schneiden. Knoblauch schälen und hacken. Pak Choi waschen, putzen und längs vierteln. Nudeln in kochendem Salzwasser nach Packungsangabe bissfest garen, dann abgießen.

2 Inzwischen Öl in einem Wok erhitzen, Pak Choi darin rundherum in 5–8 Min. braun anbraten. Mit 1 EL Sojasauce beträufeln. Pak Choi herausnehmen und in Alufolie warm halten.

3 Die Fleischstreifen ca. 1 Minute im Wok anbraten. Möhren und Knoblauch zugeben und ca. 8 Min. mitbraten, bis die Möhren bissfest sind. Übrige Sojasauce und Nudeln unterrühren. Die Nudelpfanne mit dem Pak-Choi anrichten.

PRAXIS-TIPP Pak Choi gibt es oft in Asia- oder Bioläden.
SCHLANK-TIPP Sojanudeln enthalten dreimal mehr Eiweiß als normale Pasta, haben nur wenig mehr Kalorien und nur die Hälfte Kohlenhydrate und machen supersatt. Ihre Konsistenz ist etwas fester.

PAK-CHOI-ROHKOST IN REISPAPIER

ZUTATEN FÜR 2 PORTIONEN
250 g Pak Choi, 1 Möhre (100 g)
einige Stiele Minze, Thai-Basilikum und Koriandergrün
2 Limetten, 2 EL Fischsauce
2 Eier, Salz, Pfeffer
1–2 TL edelsüßes Paprikapulver
120 g Sesam-Mandel-Tofu
1 TL Rapsöl, 8 Blatt Reispapier (Asialaden)
100 g gegarte Garnelen (in Lake, aus der Kühltheke)
1 Stück frischer Ingwer (ca. 2 cm)

ZUBEREITUNG 45 Min.
PRO PORTION 420 kcal
31 g EW, 16 g F, 35 g KH

1 Pak Choi waschen, putzen und quer in feine Streifen schneiden. Möhre putzen, schälen und raspeln. Kräuter waschen, trocken schütteln und hacken. Saft der Limetten auspressen. Die Hälfte davon mit Pak Choi, Möhren und Kräutern mischen. Mit 1 EL Fischsauce würzen.

2 Eier verquirlen, mit wenig Salz, Pfeffer und Paprikapulver würzen. Tofu klein würfeln. Öl in einer kleinen Pfanne erhitzen, Eier zugeben und ohne Rühren in 4 Min. stocken lassen. Omelett wenden und in 4–5 Min. fertig backen. Herausnehmen, etwas abkühlen lassen und in Streifen schneiden.

3 Eine weite Schüssel mit lauwarmem Wasser füllen. Ein Blatt Reispapier durch das Wasser ziehen, auf einen Teller legen, 1–2 EL Rohkost auf das untere Ende setzen. Einige Omelettstreifen, Garnelen und Tofu daraufgeben. Reispapier rechts und links etwas einschlagen, dann aufrollen. Mit übrigem Reispapier genauso verfahren.

4 Übrigen Limettensaft, 1 EL Fischsauce und 2 EL Wasser verrühren. Ingwer schälen und durch die Knoblauchpresse dazudrücken. Den Dip zu den Röllchen reichen.

ORANGEN ENTHALTEN IM DOPPELPACK VITAMIN C UND FLAVONONE, DIE SICH GEGENSEITIG STÄRKEN: DAS KOMMT DEM BINDEGEWEBE ZUGUTE. ÄTHERISCHE ÖLE IN DER SCHALE STÄRKEN ABWEHRKRAFT UND STIMMUNG. SÜSSLICHES CAROB, NÜSSE UND VOLLKORN UNTERSTÜTZEN DAS.

ORANGEN-NUSS-PFANNKUCHEN

ZUTATEN FÜR 2 PORTIONEN
2 Bio-Orangen
kohlensäurehaltiges Mineralwasser
1 Ei
70 g Vollkornmehl
30 g gemahlene Haselnüsse
20 g Carobpulver (Reformhaus)
1 Prise Salz
150 g Magerquark
½ TL Ceylonzimtpulver
2 TL Butter
2–3 TL Puderzucker

ZUBEREITUNG 30 Min.
PRO PORTION 410 kcal
21 g EW, 18 g F, 39 g KH

1 Orangen heiß waschen, abtrocknen und die Schale abreiben. 1 Orange schälen, in Segmente teilen und diese klein schneiden. Den Saft der übrigen Orange auspressen, mit Mineralwasser auf 150 ml auffüllen.

2 Ei verquirlen, dann im Wechsel Mehl, Nüsse, Carobpulver und Orangensaft unterrühren. Mit Salz und der Hälfte der Orangenschale würzen. Teig kurz quellen lassen. Wenn der Teig zu dick ist, etwas Mineralwasser zufügen.

3 Inzwischen Quark, Zimt und etwas Puderzucker cremig verrühren. Übrige Orangenschale und Orangenstückchen unterziehen.

4 1 TL Butter in einer großen beschichteten Pfanne erhitzen. Die Hälfte des Teigs dazugeben und zugedeckt bei kleiner Hitze ca. 5 Min. backen, bis der Pfannkuchen stockt. Dann wenden und die andere Seite in 2–3 Min. goldbraun backen. Den zweiten Pfannkuchen ebenso backen. Die Pfannkuchen mit Puderzucker bestäuben und mit Zimt-Orangenquark servieren.

SCHLANK-TIPP **Puderzucker süßt schon in kleinen Mengen.**

ORANGEN-ROTKRAUT-SALAT MIT MAIS

ZUTATEN FÜR 2 PORTIONEN
2 Bio-Orangen
300 g Rotkohl (½ kleiner Kopf)
1 Stück Ingwer (ca. 2 cm)
60 g Cashewnusskerne
1 EL Weißweinessig
Salz, Pfeffer
1 EL Dijon-Senf
2 EL Olivenöl
100 g Maiskörner (Dose)

ZUBEREITUNG 25 Min.
PRO PORTION 415 kcal
12 g EW, 26 g F, 32 g KH

1 Die Orangen heiß waschen und abtrocknen, die Schale von 1 Orange abreiben und den Saft dieser Orange auspressen. Die andere Orange schälen, in Segmente teilen und diese klein schneiden, dabei den Saft auffangen.

2 Den Rotkohl waschen, vom Strunk befreien und in dünne Streifen hobeln. Den Ingwer schälen und fein hacken. Die Cashewnusskerne in einer beschichteten Pfanne rösten, bis sie beginnen leicht zu bräunen. Dann abkühlen lassen und hacken.

3 Den aufgefangenen Orangensaft und Orangenschale, Ingwer, Essig, Salz, Pfeffer, Senf und Öl zu einem Dressing rühren. Den Rotkohl mit dem Dressing mischen. Mais und Orangenstückchen unter die Rohkost mischen. Mit Salz und Pfeffer abschmecken. Mit gehackten Cashewnüssen bestreut servieren.

PRAXIS-TIPP **Die Schale von der übrigen Orange abreiben, auf einen Teller geben und trocknen lassen. Anschließend im Schraubglas als Gewürz aufbewahren.**

GLOSSAR

AMARANTH

Getreideähnliches, kleines Korn aus Südamerika, das sehr reich an Eiweiß, Eisen, Zink und Kalzium und frei von Gluten ist. Gibt's auch gepoppt als Cerealie im Bioladen und im Reformhaus.

BERBERITZEN

Kleine Beeren an Ziersträuchern, die säuerlich schmecken und reich an Vitamin C sind. Im Herbst selber sammeln oder getrocknet in Orientläden kaufen.

BUCHWEIZEN

Glutenfreies getreideähnliches, dreieckiges Korn, das ähnlich viel Mineralstoffe wie Vollkorngetreide besitzt. Geröstet schmeckt Buchweizen wie Nüsse.

BULGUR

Weizen wird geschrotet und vorgebrüht und ist dann wie Reis zuzubereiten. Eine schnelle, vollwertige Beilage.

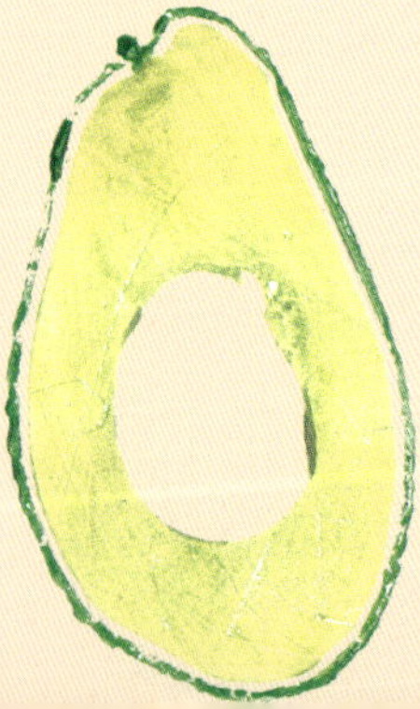

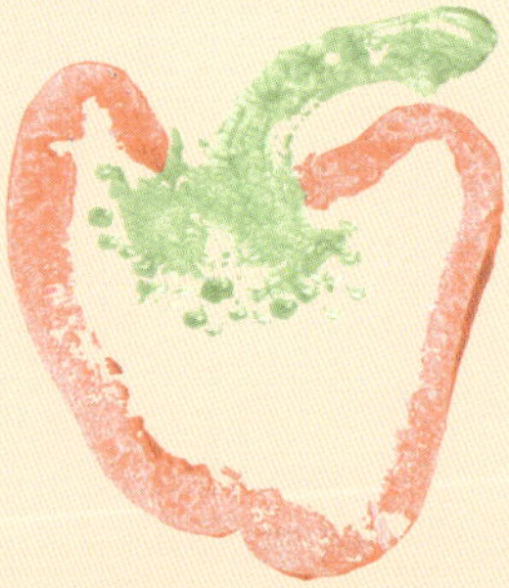

CAROB

Das Pulver aus den Früchten des Johannisbrotbaumes schmeckt schokoladig-süß und ist reich an Mineral- und Ballaststoffen. Gibt's im Bioladen und im Reformhaus.

COUSCOUS

Vorgekochter Weizengrieß, zu kleinen Kugeln geformt. Er quillt wie Reis, nur viel schneller.

GERSTE WIE REIS

Diese »Graupen« bestehen aus einer neuen, sehr ballaststoffreichen Sorte: Beta-Gerste. Sie schmeckt ähnlich wie Risottoreis, ist aber schon in etwa 20 Min. gar und viel kalorienärmer. Im Lebensmittelhandel im Regal mit Reis und Hülsenfrüchten erhältlich.

GIERSCH

Ein mildes, blättriges Unkraut, das im Frühling eine tolle Salatbeigabe ist und gegen Gicht wirken soll.

JOHANNISBROTKERNMEHL

Wird aus den Kernen der Frucht des Johannisbrotbaumes gewonnen und besteht zum großen Teil aus Ballaststoffen, bindet also viel kalorienärmer als Stärke und fördert die Darmbakterien.

KARDAMOM

Die grünen Kardamomkapseln umschließen die kleinen, schwarzen Körner mit einem mentholartigen, frischen Aroma. Sie wirken gegen Blähungen. Roh gekaut machen sie einen frischen Atem.

KICHERERBSENMEHL

Das gelbe Pulver besteht aus gemahlenen Kichererbsen, hat dadurch einen hohen Eiweiß- und Ballaststoffgehalt. Es kann zu einem kleinen Teil in Gebäck Weizen- oder Dinkelmehl ersetzen. Gibt's im Bio- oder Orientladen und im Reformhaus.

KORIANDER

Die Körner schmecken mild-süßlich und wirken gegen Blähungen. Das Kraut hat ein eigenwilliges, frisches Aroma und sieht aus wie Petersilie. Die Körner gibt's im Lebensmittelhandel, das Kraut in Asialäden.

MAISBART

Die feinen Fäden liegen zwischen Körnern und Deckblättern und bilden an der Spitze einen Bart. Sie ergeben einen süßlichen, entwässernden Tee und lassen sich trocknen. Frisch vom Maiskolben schmecken sie am besten. Getrockneten Maisbart gibt's in der Apotheke zu kaufen.

MEERRETTICH

Die Wurzel im Frühling, Herbst und Winter unbedingt auf dem Wochenmarkt kaufen, dann schälen und frisch reiben: Die ätherischen Öle heizen mit ihrer Schärfe ein und regen die Verdauung an. Kochen entschärft sie. Als Ersatz Meerrettich aus dem Glas ohne Sahne nehmen. Meerrettich im Glas gibt's mittlerweile auch mit groben Raspeln – so schmeckt er besonders würzig.

MIE-NUDELN

Die chinesischen Instant-Nudeln sind als kleine rechteckige Pakete in Asialäden erhältlich. Ihre resistente Stärke verhält sich wie ein Ballaststoff, liefert weniger verwertbare Kalorien als normale Nudeln, macht länger satt und tut der Darmflora gut. Praktisch: Dank der kurzen Garzeit sind sie fix fertig.

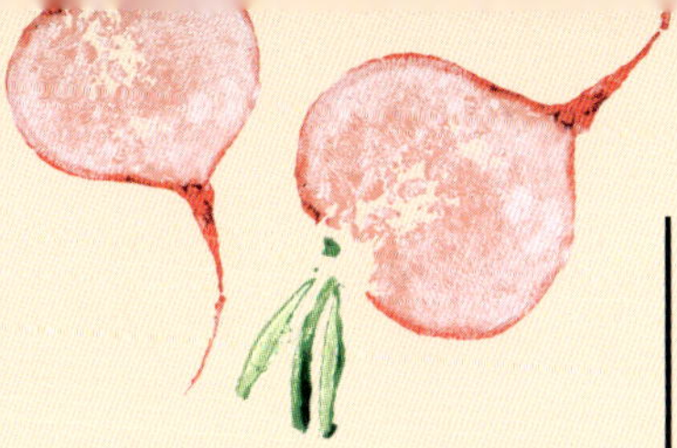

SAUERAMPFER

Das säuerliche längliche Blatt wächst im Kräutergarten und wild vor allem im Frühling auf der Wiese. Er wirkt anregend auf den Stoffwechsel und gilt als Fastenkraut. Ist auf dem Wochenmarkt und in Feinkostläden erhältlich.

SCHNELLKOCH-DINKEL

Das ganze Dinkelkorn wird vorgegart und wie Reis zubereitet. Enthält alle Mineral- und Ballaststoffe des vollen Korns und die B-Vitamine. Gibt's im Bioladen.

SCHWARZ-KÜMMEL

Kleine, dreieckige Samen – nicht mit schwarzen Sesamsamen zu verwechseln. Schwarzkümmel schmeckt orientalisch herb-bitter-scharf und wirkt gegen Blähungen und insgesamt stärkend auf die Verdauungsorgane. Gibt's in Orientläden.

STEVIA

Das Süßkraut mit leichtem Lakritzaroma süßt 300-mal stärker als Zucker. Frisch ist es als Pflanze im Frühjahr auf dem Markt und in der Gärtnerei zu haben und getrocknet bei den Kosmetika im Bioladen oder Reformhaus. Die Blätter am besten mit dem Tee brühen. Süßstoffe auf Steviabasis sind ebenso künstlich wie jeder andere Süßstoff.

SÜßHOLZ

Die Grundsubstanz für Lakritz ist als trockenes, gehacktes Hölzchen in der Apotheke erhältlich. Wird wie Stevia mitgekocht und schmeckt ebenfalls leicht lakritzig.

TAMARINDE

Tamarindenpaste wird wie Zitronensaft verwendet, schmeckt säuerlich-herb, ist reich an Mineralstoffen, vor allem Eisen, und regt die Verdauung an. Wird in Orientläden angeboten.

TOPINAMBUR

Diese Wurzel ist wie Pastinaken und Schwarzwurzeln sehr reich an Ballaststoffen, die erst von den Darmbakterien verdaut werden. Deshalb machen sie kalorienarm satt und stärken die Abwehrkräfte. Gibt's im Herbst und Winter auf dem Wochenmarkt.

WASABI

Schmeckt doppelt so scharf, aber ähnlich wie Meerrettich und ist nicht mit ihm verwandt. Frisch gibt es ihn nur in Japan – hierzulande wird Wasabi als grüne Paste in Asialäden und zunehmend auch im Lebensmittelhandel angeboten.

REZEPT- UND SACHREGISTER

Damit Sie Rezepte mit bestimmten Zutaten schneller finden, sind diese **hervorgehoben**. Darunter stehen alphabetisch geordnet die dazugehörigen Rezepte.

IMPRESSUM

Die Autorin

Dagmar von Cramm schreibt, kocht und lebt mit ihrer Familie in Freiburg i. Br. und in der Alten Mühle im Markgräfler Land. Die Diplom-Ökotrophologin beschäftigt sich seit 30 Jahren aus Überzeugung mit dem Thema Ernährung in Theorie und Praxis. Als Expertin ist sie eine gefragte Gesprächspartnerin in Zeitschriften, Funk und Fernsehen – die Zeitschrift Cicero zählt sie zu den 100 wichtigsten Frauen Deutschlands. Sie gewann zweimal den Journalistenpreis der DGE und ist heute Mitglied im Präsidium. Der Stiftung »Besser essen. Besser leben.« steht sie als Präsidentin vor. Unterstützt wurde sie in der redaktionellen Arbeit von ihrer Volontärin Anna Paki, in der Versuchsküche von engagierten Praktikanten.
www.dagmarvoncramm.de
www.facebook.com/dagmarvoncramm

Der Fotograf

Peter Schulte lebt als freier Fotograf in Hamburg und fotografiert vor allem Food, Stills und Reportagen für Buchverlage, Magazine und Agenturen. 2013 wurde er mit dem Felix Schoeller Photo Award in Gold ausgezeichnet. Bei der Produktion dieses Buchs hat ihn ein kreatives Team unterstützt: Vielen Dank an Julia Luck (www.julia-luck.de) für das Foodstyling, Meike Graf (www.meike-graf.de) für das Styling und an meine Fotoassistenz Christin Schwarzer und Sebastian Muht.
Dagmar von Cramm danken wir für die gesündeste Food-Produktion seit langem!
www.schultephotographie.de

Umwelthinweis
Dieses Buch ist auf PEFC-zertifiziertem Papier aus nachhaltiger Waldwirtschaft gedruckt.

Bildnachweis
Alle Fotos: Peter Schulte (außer Seite 9/1, 14/1: Fotos mit Geschmack, Alling; Seite 9/2: Annette Falck; Seite 9/3, 14/3, 20/1: Klaus-Maria Einwanger, Rosenheim)

Projektleitung: Verena Kordick
Lektorat: Maryna Zimdars
Korrektorat: Petra Bachmann
Umschlag und Gestaltung: independent Medien-Design, Horst Moser, München
Stempeldrucke: Julia Hollweck
Herstellung: Markus Plötz
Satz: Uhl und Massopust, Aalen
Repro: Repro Ludwig, Zell am See
Druck und Bindung: Printer Trento, Italien

Syndication
www.jalag-syndication.de

ISBN 978-3-8338-3842-2
1. Auflage 2014

www.facebook.com/gu.verlag

QUALITÄTS GU GARANTIE

DIE GU-QUALITÄTS-GARANTIE

Liebe Leserin, lieber Leser,
wir möchten Ihnen mit den Informationen und Anregungen in diesem Buch das Leben erleichtern und Sie inspirieren, Neues auszuprobieren. Alle Informationen werden von unseren Autoren gewissenhaft erstellt und von unseren Redakteuren sorgfältig ausgewählt und mehrfach geprüft. Deshalb bieten wir Ihnen eine 100 %ige Qualitätsgarantie. Sollten wir mit diesem Buch Ihre Erwartungen nicht erfüllen, lassen Sie es uns bitte wissen. Sie erhalten von uns kostenlos einen Ratgeber zum gleichen oder ähnlichen Thema.
Wir freuen uns auf Ihre Rückmeldung, auf Lob, Kritik und Anregungen, damit wir für Sie immer besser werden können.

GRÄFE UND UNZER Verlag
Leserservice
Postfach 86 03 13
81630 München
E-Mail:
leserservice@graefe-und-unzer.de

Telefon: 00800 / 72 37 33 33*
Telefax: 00800 / 50 12 05 44*
Mo–Do: 8.00–18.00 Uhr
Fr: 8.00–16.00 Uhr
(gebührenfrei in D, A, CH)*

Ihr GRÄFE UND UNZER Verlag
Der erste Ratgeberverlag – seit 1722.

GRÄFE UND UNZER

Ein Unternehmen der
GANSKE VERLAGSGRUPPE